历史与现实

松冈正刚的思辨课

西方卷

松冈正刚·著
孙梨冰·译

北方文艺出版社

图书在版编目（CIP）数据

历史与现实：松冈正刚的思辨课.西方卷/(日)松冈正刚著；孙犁冰译.——哈尔滨：北方文艺出版社，2019.9

ISBN 978-7-5317-4614-0

Ⅰ.①历… Ⅱ.①松…②孙… Ⅲ.①西方国家－历史－研究－近现代 Ⅳ.①K14

中国版本图书馆CIP数据核字(2019)第145082号

黑版贸审字 08-2019-109号

18SAI KARA KANGAERU KOKKA TO "WATASHI" NO YUKUE NISHI-KAN
 by Seigow Matsuoka
Copyright © Seigow Matsuoka 2015
All rights reserved.
First published in Japan by SHUNJUSHA, Tokyo.

This Simplified Chinese edition is published by arrangement with SHUNJUSHA, Tokyo in care of Tuttle-Mori Agency, Inc., Tokyo

历史与现实：松冈正刚的思辨课·西方卷
Lishi Yu Xianshi Songgang Zhenggang De Sibianke Xifang Juan

作　者／[日]松冈正刚	译　者／孙犁冰
责任编辑／宋玉成　赵晓丹	封面设计／[俄]Dina Tsyuy
出版发行／北方文艺出版社	邮　编／150080
发行电话／(0451) 85951921 85951915	经　销／新华书店
地　址／哈尔滨市南岗区林兴街3号	网　址／www.bfwy.com
印　刷／北京洲际印刷有限责任公司	开　本／880mm×1230mm　1/32
字　数／200千	印　张／9.25
版　次／2019年9月第1版	印　次／2019年9月第1次印刷
书　号／ISBN 978-7-5317-4614-0	定　价／48.00元

目录 Contents

第 8 讲　社会果真在进化吗?

震撼世界的小册子
　　——《共产党宣言》的刊行 / 003

脑袋里的辩证法，纵观整个世界的唯物史观 / 007

从个人主义到社会主义
　　——经济思想的变迁 / 011

由空想社会主义诞生的"共同体" / 014

资本主义所歪曲的东西
　　——马克思主义经济学的三个要点 / 018

社会总是在进化着吗?
　　——达尔文主义的冲击 / 021

进化论带来对明天的希望 / 024

直指未来
　　——斯宾塞的社会进化论 / 027

不同于进化的变化

——佛教世界观的影响 / 031

第9讲　20世纪哲学和文学的暗示

在高中课堂上不讲的现代史，应该从何下手？／037

当今的日本仍置身于《旧金山和约》之中／043

德国的 3C、英国的 3B

——工业大国与资本相结合的时代 / 047

巴尔干的火药库爆炸

——第一次世界大战爆发 / 051

弗洛伊德所发现的"内在黑暗"

——社会进化与压抑 / 054

存在与时间和判断中止

——现象学的出现 / 057

我们置身于世界中

——海德格尔的实存主义 / 061

将自己和他人结合在一起的"了解"的方法

——雅斯贝尔斯的实存哲学 / 064

将"与世界的关系"文学化

——卡夫卡的《变形记》/ 067

追求脱中心·多中心

——20世纪德国的思想力和表现力 / 070

第10讲 "英国的错误"和"日本的失败"

中东在哪里？/ 077

穿越国家和沙漠的队商

——伊斯兰教的传播 / 080

英国引起的中东大混乱

——多个秘密协定与背叛 / 083

美国在中东种下的祸根

——石油动摇世界 / 087

甘地的非暴力·不服从

——印度全民反英斗争 / 090

胡志明的游击战略

——从独立到越南战争 / 093

德国的两次经济崩溃与纳粹势力的抬头

　　——法西斯的道路 / 097

无法挽回的疯狂

　　——第二次世界大战揭开了帷幕 / 101

世界大战是如何结束的？

　　——胜者是谁？ / 105

中东战争与沉睡的黑暗大陆之觉醒

　　——复兴主义 / 109

第11讲　美国的资本主义与大众的力量

"战后日本的民主化"意味着什么？ / 117

美国的个人主义与大众文化

　　——新怪物、大众 / 121

吞噬文化的大众文化 / 124

东亚被策划成"反共堡垒"

　　——冷战政治 / 127

新殖民地主义时代的代理战争 / 131

美国的占领政策和改革

——作为新殖民地的日本 / 135

沉溺于博弈论的美国 / 139

博弈论适用于复杂化的世界吗？

——合理主义者落入的陷阱 / 142

自由主义是什么？ / 146

20世纪70年代的方向转换

——新保守主义者诞生的土壤 / 150

诺贝尔经济学奖得主设想的机器人式个人主义

——新自由主义的问题点 / 153

资本主义各有不同 / 156

新自由主义时代的结束

——现代社会的病症 / 159

第12讲 互联网和伊斯兰主义的问题

既近又远的中东民众革命和互联网 / 167

人类与信息逐渐分离的时代

——互联网的诞生 / 171

世界的现实、幻想的现实

　　——谁是作者？/ 174

有关互联网全球化的 8 个悬念 / 178

中东的现在

　　——从入侵阿富汗到塔利班 / 182

被改写的阿拉伯伊斯兰"集合的记忆"

　　——海湾战争 / 186

本·拉登是如何对抗的

　　——9·11 发生前夕 / 189

恐怖分子们的多样性

　　——伊斯兰激进派 / 192

所有的世界史都始于阿拉伯

　　——因网络和世界而镜像化的时代 / 196

第13讲　历史认识问题与如何讲述日本

对日本来说冲绳是什么 / 201

大日本帝国以"神国日本"为目标 / 205

审视矛盾、局限和"起源问题" / 208

历史认识问题为什么成为龃龉？／211

靖国神社的定位／214

东京审判史观

　　——败者的责任是什么／218

日本人的"败北感"的真面目

　　——《东京监狱》／223

日本缺乏决策过程

　　——《日本权力构造之谜》／226

日本还在继续输

　　——《永续战败论》／230

日本能否想起忘记的"歌唱"

　　——用我们自己的故事讲述现代史／233

第14讲　追求编辑式世界观

所有的历史都是现代史／241

"世界观"的芳香与"真切的感动"／245

1960年安保的不完全燃烧／249

全共斗，编报纸，创刊杂志《游》／253

编辑的基本是"相似律" / 257

"信息编辑结构"和"日本之方法" / 261

为什么在日本不能说"祖国"或"母国"了呢？ / 264

九州的卢梭

　　　——宫崎滔天 / 267

把目光投向中国

　　　——与金玉均的邂逅 / 271

大陆浪人宫崎滔天、孙文的革命起义 / 275

孙文的辛亥革命、宫崎滔天的日本革命 / 278

后记　为了始于 18 岁的历史观 / 282

第∞讲

社会果真在进化吗？

震撼世界的小册子
——《共产党宣言》的刊行

1848年（嘉永元年），一本小册子震撼了世界。这是两个德国人写的书。

就在那一年，路易·拿破仑就任法国总统。而美国正忙于跟墨西哥之间进行美墨战争，同时在加利福尼亚开采出了金矿。在英国，艾米莉·勃朗特的小说《呼啸山庄》风靡一时；年轻的约翰·艾佛雷特·米莱、但丁·加百利·罗塞蒂和威廉·霍尔曼·亨特结成了前拉斐尔派。前拉斐尔派是我十分喜爱的画家集团。同时，日本则即将迎来黑船来航。

而震撼世界的那本书就是马克思和恩格斯合著的《共产党宣言》。

《共产党宣言》最初是由住在伦敦的德国人成立的工人教育协会发行的匿名小册子，后来作为马克思和恩格斯的著作被翻译成多种语言，进而迅速风靡世界。其内容令人震惊。开头的一句世人皆知："一个幽灵，共产主义的幽灵，在欧洲游荡。

为了对这个幽灵进行神圣的围剿,旧欧洲的一切势力,教皇和沙皇、梅特涅和基佐、法国的激进派和德国的警察,都联合起来了。"第一章开头写道:"至今一切社会的历史都是阶级斗争的历史。"

世人惊愕。所有历史都是阶级斗争的历史,这句话让人震惊。有些人甚至发出了欢呼声。1904年(明治三十七年),由堺利彦和幸德秋水翻译的日文版《共产党宣言》,刊登在《平民新闻》创刊一周年纪念号上。

《共产党宣言》指出,人类的历史从拥有土地的原始种族社会消失以后,阶级斗争就一直被反复进行至今。这是"剥削阶级和被剥削阶级的、统治阶级和被统治阶级之间的斗争"。

阶级斗争是随着历史的社会进化而进行的,是必然的。那么,这一历史延续到了现阶段就是"剥削阶级成了资产阶级,而被剥削阶级就是无产阶级"。其对立是资本家和工人的对立。

马克思和恩格斯认为,假设如此,被剥削、被统治的无产阶级什么时候会得到解放,那就是无产阶级进行自我解放的时候,并宣布这"只有把全社会从所有统治中解放出来才能达到"。

而且以"全世界无产者,联合起来!"结尾。还写道"无产者在这个革命中失去的只是锁链。他们获得的将是整个世界"。这句"全世界无产者,联合起来!"成为一个大声疾呼的口号。

这是十分伟大的宣言。能提出如此具有强大鼓动性的言论,可以说史无前例。我认为,提倡无政府主义的米哈伊尔·亚历山德罗维奇·巴枯宁所著《上帝与国家》在当时是可以与之匹敌的煽动言论。但是，纵然巴枯宁的思想很吃香，却不具有一种令人奋起而参与社会活动的力量。

相反，马克思则主张，社会的历史是"阶级斗争"的历史，到了今天则成了资本家与工人之间的剥削与被剥削的关系，要想挣脱这一阶级矛盾和对立的枷锁，除了实现所有的社会解放以外没有别的出路，而且实现这一目标是全世界"无产阶级（工人阶级）"的使命。接二连三地猛打了一系列激昂的逻辑。

人类历史是分阶级的，这是谁都没有想到的事情。而且，要想解决这一问题，无产阶级必须首当其冲，不但意识到在解放全社会的同时解放自己，而且参加运动。这是了不起的行动哲学，是革命论。

因此，这不是简单的煽动言论。这样的思想在马克思后来的著作，尤其是《资本论》中更为鲜明。

马克思有两个重要主张，一个是"辩证唯物史观"的哲学乃至历史哲学；另一个是对资本主义生产方式进行系统分析的"新经济学"，即马克思主义经济学。《共产党宣言》是这些新哲学和新经济学的预告，也是新提案的开端。

当时由于产业资本主义迅速膨胀，许多矛盾在欧洲社会发生井喷。对此，马克思提出了划时代的观点。而后，立刻赢得了众人的赞同。

当时出现了大量的失业者，在工厂劳动的工人们因低工资而挣扎。从宏观来看，整个欧洲社会因产业和企业的发展而得以发展，国家实力也有所增强。然而，其实际情况却非常残酷。正是在这样的背景下，马克思和恩格斯的《共产党宣言》势如燎原之火蔓延起来。

这种思想后来被概括成马克思主义或社会主义思想，其核心就是"辩证法唯物史观"。单看文字好像晦涩难解，但如果把"辩证法"和"唯物史观"分开来看，就容易理解了。

脑袋里的辩证法，纵观整个世界的唯物史观

辩证法是从古希腊的叫"对话的技法"的辩证术发展而来的。本来，辩证就是问答或对话形式，好像讲话技法一样，以后成为赫拉克利特等人重视的编辑技术，后来，苏格拉底的辩证又被柏拉图进行了大篇幅的编辑重组。

经过中世纪的经院哲学时代，辩证法开始被看成分析辩证内容的方法。到了近世，康德认为"辩证法是论证或验证思考是否正确进行的方法"。这就是康德的辩证论。

康德的观点被费希特和谢林等哲学家们继承并发展。东方卷第5讲中提到过德国观念哲学的谱系。德国观念哲学认为，对事物的思考方法如果最初存在某一"命题"（关于事物的主张）的话，那么，与其相对立的"反命题"就一定会出现，并且随之会形成"综合命题"，把命题和反命题结合在一起。如果用记号来表示的话，就写成"正""反""合"，被称为辩证法的三段式（Triade）。这一模式如同在形成思考的三角形的同时而发展下去一样。

接着，黑格尔站出来了（这些都是德国人的哲学），他主张这个三段式过于静态，过于图示化。他认为，人的精神应该采用的辩证法不是这样的，而是更加动态的。那就是"正"和"反"相互碰撞，接着形成"合"的一种飞跃，就好像"思考的飞跃"一样的，德语叫"aufheben"。

"aufheben"比较难翻译，一般来说就是"扬弃"。"正"和"反"的关系中存在对立或矛盾，其对立或矛盾反而会引起下一个思考飞跃，这就是"扬弃"。存在矛盾或纠葛，这本身就如同掌握了下一个思考飞跃的钥匙。这是十分有趣的想法。

黑格尔的辩证法在欧洲哲学中处于划时代的地位。成为前提的思考内容中所存在的某种"踌躇"，孕生出下一个飞跃。黑格尔把这种辩证法的逻辑彻底应用在法律、国家、历史和艺术中。

黑格尔的辩证法引起了马克思和恩格斯的关注。他们所关注的是，黑格尔辩证法中的"历史是动态发展的"这一思想。自然、历史和精神不都是这样"正""反""合"地被扬弃而来的吗？这样思考的话，整个自然史或者整个历史就都有可能记述了。

但是，黑格尔把这一动态封闭在"观念"的动态之中，过于强调头脑中的思考，过于只重视精神的历史。对此，马克思提出了异议。他认为，辩证法更加适用于"物质"的一般活动。实际上，物质本身就在世界上辩证地发展而来的。

这是"历史唯物论"的基本观点。亦称唯物史观或者辩证唯物论。

唯物论是与唯心论相比较而言的。唯心论是主张所有的物质都依赖精神、意识或理念的哲学。它是以"心灵"为中心看世界、人类与社会。简单地说，宗教大多是唯心论。

与此相反，唯物论是以"物质"为中心思考的哲学。世界的本质是物质，物质是所有的运动或活动的要素和基点。这种哲学在希腊哲学以及印度哲学中也有所阐述。还有，牛顿力学也是唯物论，大家在初中做的化学试验也是唯物论。从今天的科学这一角度来看，这些都是能够理解的。

正如宇宙有大爆炸一样，物质的基本粒子自发地运动，互相作用，形成各种组合，包括原子和分子、物体和星体。这种观点是广义上的唯物论。

但是，唯物论关于社会发展的观点还是相当大胆的，不是马上就能让人理解的。马克思、恩格斯在《德意志意识形态》等著作中，将唯物论和辩证法结合在一起，试图建立更加适用于社会的独创的思想。然而，不是像自然科学那样去组织架构，而是将唯物论应用于整个历史的发展体系中。这就突出了被称为历史唯物论的这一特色。

马克思是如何应用的呢？物质是按照从宇宙阶段、生物阶段、到社会阶段这样的过程发展而来的。物质作用的原理是"宇宙自然→环境→生命→生物→动物→人→社会→产业→劳动"这样贯穿历史的。也就是说，宇宙、自然、生物姑且不提，既然物质对人类社会、产业产生影响，那么，如果人类要自由地追求新的展望，就要跟"物质的影响"斗争。马克思是这样思考的。

马克思还主张，这就需要辩证地突破社会上各种各样的关系。这被称为辩证唯物史观或者辩证唯物论。我认为可以把它称为马克思的"物质经验学"体系。相比之下,黑格尔的历史哲学则是"精神经验学"。

从个人主义到社会主义
——经济思想的变迁

另外,"马克思主义经济学"是作为经济学的马克思主义。在分析产业资本主义的本质这一方面,至今仍存在着一大学派。虽然苏联解体后,其社会主义经济陷入困境,马克思主义经济学的人气下降,但是,其思想仍然是具有独创性的。

本来,经济学是由哲学、历史学和伦理学发展而成的。在东方卷第2讲介绍的熊彼特曾在《经济分析史》中说,孔子和柏拉图的思想中也有经济学。

一般认为,经济学是经过重商主义和重农主义,由亚当·斯密创立的。在那以前,经济是由国家来管理的。重商主义就是其典型。但是,亚当·斯密认为,国家干预的话,国家反而不富裕,而是"市场"在此起作用。

针对魁奈在《经济表》中把"农业"看作经济发展的原动力,亚当·斯密在《国富论》第四卷中主张,市场中的"交换"和"分工"是经济发展的原动力。

通过看不见的手，资本家获得利润，工人获得工资，地主获得地租。亚当·斯密认为，只要他们之间进行适当的交换和分工，经济就会发展。而且，只要国家保证自由和安全，在此基础上，市场就会吸收人们的"利己心"和"交换能力"，国家就会富裕。

这一思想乍一看好像是听任市场，然而亚当·斯密相信霍布斯所主张的如同利维坦的国家的使命，并信奉在光荣革命时建立起来的营业自由（职业自由）和"关于生命和财产安全的规定"。更为重要的是，亚当·斯密原本就是由道德哲学出发的学者。

亚当·斯密著有《道德感情论》一书。亚当·斯密认为在人类活动的本质上存在着"共感"，而且这一共感来自个人的利己心。虽然个人的利己心是为满足自己的欲望，但即使指向物欲，最终也会被市场所控制。归根到底，人们将以与各自相称的价格而获得与各自相称的产品。亚当·斯密将此称为共感社会。

这就是有名的重视"自由放任"的市场论。亚当·斯密认为，人们在经济活动中必然产生相互的共感，进而上帝的"看不见的手"必定会发生巨大作用而进行市场调节。

亚当·斯密的理论是在产业革命以前提出的。当时，工厂劳动的规模还不大，动力革命所带来的生产力提高还没有发生。可以说，其理论是对商业资本主义时代的分析。

然而，产业革命发生以后，产业资本主义日益膨胀，仅仅靠人们的利己心和共感以及"看不见的手"已经无法保证市场的稳定了。近代国家看似在发展，但可以说所谓发展并非源于国内的实力增长，而是源自上述的战争、军事实力、加上利用近代殖民地的交易。那么，产业资本主义是否应该继续膨胀下去呢？这是个难题。

于是，对于这样的时代变化抱有不安心理的思想和运动发生了。概括起来说就是"社会主义"。

亚当·斯密认为，截至当时为止的经济发展是建立在个人主义的基础之上的。与此相反的主张是应该更加认真地思考"社会"，不是仅仅思考个人自由行动，而是必须关注"社会"的行动。这样的思想变化所产生的就是"社会主义"这一概念，是1830年代由法国的皮埃尔·勒鲁（Pierre Leroux）所创造的词。勒鲁是值得关注的人物，他曾经发表过《新百科全书》《人类论》《金权政治论》等，后来，他在拿破仑三世发动军事政变时不得不逃亡英国。

这一社会主义最初是作为"空想社会主义"被推广的。空想这一说法是马克思为了与自己的社会主义（即共产主义）概念区别开来而进行批判时所使用的概念。实际上并不一定是空想。我认为将其称为"协同社会（association）"主义更为贴切。这是以组合等小型共同体为单位而建立社会的行动思想。

推行具有连带性的空想社会主义的人物是克劳德·昂利·圣西门、夏尔·傅立叶和罗伯特·欧文。他们都是胸怀宏伟编辑蓝图的人物，下面分别作以简单介绍。

由空想社会主义诞生的"共同体"

圣西门曾经积极地参加过美国独立战争和法国大革命。他曾经因利用国有资产进行投机活动而被逮捕,后来虽然生活贫困,却坚持不懈地从事"关于人的科学"的研究。

到了法国的王政复古时期,圣西门认为应该把社会作为有机体来认识,在《论财产和法制》和《论实业制度》等著作中,提出建立"最廉价而统治最少的社会体制"。这一思想被称为"圣西门主义",并被看作"最贫困者思考社会"的思想以及运动而得以继承。另外,被称为"社会学之父"的奥古斯特·孔德,曾经担任过圣西门的秘书。

傅立叶这个人物,我在本书中多次提及。他亲身经历了雅各宾派恐怖政治后,开始对启蒙思想和法国大革命抱有疑问,之后亲眼看见了商人们为提升粮价而将船载的粮食扔掉的场面,从而认为商业和产业中存在着虚伪,因此成了所谓的激进人物。

于是,傅立叶开始构思全新的社会制度,著有《关于四种运动和普遍命运的理论》一书。这是颇具独创性的著作，将潜伏在人与社会的感觉的情念（五感、友情、野心、恋爱、家族）、走向机械化的情念（密谋、交替、复合）等彻底地组合在一起，通过促使这些因素互相竞争，消除相互之间的界限，而建立新的"合作社"（协同社会）。这是十分具有编辑性的结构。实际上，他提倡建立由1500到2000人组成的叫作"法朗吉"的理想社会基层组织，亦被称为"傅立叶的共同体"。

法国的产业革命是在19世纪30年代正式启动的。随后，城市问题、劳动问题、交通问题、工厂问题等相继井喷，以贫富差距为首的各种社会问题日趋深刻。傅立叶共同体正是为了对抗这样的社会现实而构思的，而以"情念"为原动力的考察则极具独创性。可以说是以"爱"为纽带的社会主义。

确实是带有空想的色彩。但令人意外的是，后来，傅立叶共同体（和谐制度）的实验在各国得以开展。在法国有肯戴斯特·韦格（音译）的聚居地、吉斯家庭（Familistere de Guise）、圣丹尼的农业共同体、李的农村儿童之家等。在英国，由托马斯·杨提供资金建立了几个法朗吉。在俄国，培多拉谢夫斯基[①]建立了法朗吉，陀思妥耶夫斯基也参与其中。

最多的实验是在美国进行的。仅在马萨诸塞州就建立了30个法朗吉。在维克多·普洛斯·孔西德朗（Victor Prosper Considerant 1808–1893）搬到得克萨斯以后，傅立叶共同体的实

[①] 音译。Mikhail Vasil'evich Petrashevskii（1821—1866）

验就在得克萨斯得以继续进行。

近似于傅立叶共同体的是英国的罗伯特·欧文的"新和谐公社"。

亚当·斯密以"共感"为原动力,傅立叶以"情念"为原动力,而欧文则以符合"道德"要求的人物形象为单位,试图建立和谐社会的基层组织。他著有《新社会观》和《社会制度论》等书。

欧文在美国进行实验后,回到英国建立了几个协同组合,修建了以2000人为单位的理想的平行四边形建筑,作为进行共同体实验的场所。欧文还构想在那里建立劳动公平交易所、新镇区等各种设施,并计划最初由出资者进行管理,等建设资金还清后,再由居民进行自主管理。但是,禁止财产私有化和拥有特定的宗教信仰。

这些是所谓"空想社会主义"的代表,是杰出的社会实验。可是说是今天的围绕社区或共同体动向的见解,或者最近安东尼奥·内格里所说的"杂多异质"(Multitude,多译为群众、群体)等的先驱。

然而,马克思则把这些批判为"过于理想主义""过于乌托邦"。他认为用这样的方法只能建立隔离的社会,而绝对无法推广。实际上,虽然在各地进行了各种实验,但是,后来并没有得到进一步开展。但是,这一思想的一部分影响了马克思,那就是"共同体"的构想。

共同体本来诞生于中世纪的自治城市中,在意大利叫"comune",在西班牙叫"comunidad",是自治单位的意思。这是19世纪产业资本主义中,由"组合"和"合作社"等傅立叶的共同体发展而来的。马克思认为这其中孕育着"共产主义"的萌芽,并在《共产党宣言》中有所表述。

1871年普法战争中由"巴黎公社"一举进行了社会运动,使马克思的这一预言得以验证。

共产主义的原理不是马克思的原创。原始共产制在古代雅典的理想中就存在。至于放弃私人所有的社会,是反对亨利八世的托马斯·莫尔在《乌托邦》中就提出来的。此外,托马索·康帕内拉的《太阳城》、埃蒂耶纳·卡贝的《伊加利亚旅行记》等书中,也提出建立作为乌托邦的共产主义或分权制共产主义。

特别是作为极左共和派活动家,多次被捕入狱的奥古斯特·布朗基的共同体思想十分激进,被称为"布朗基主义"。他主张共产,即若生产者同心协力掌握生产的话,阶级斗争就会取得飞跃性进展。其思想被有些人认为比马克思还具有先进性。

资本主义所歪曲的东西
——马克思主义经济学的三个要点

我有些绕远了。虽然始于亚当·斯密的经济学经过产业资本主义阶段,完成了戏剧性的变化,(中间出现了大卫·李嘉图等人的经济学),却仍然不够系统完整。在这样的背景下,马克思与恩格斯合作,建立了相当彻底的、具有体系的经济学。这就是《资本论》,为后世带来了巨大影响。

马克思主义经济学的结论用一句话说,就是"资本主义的生产制度和交换制度扩大人类社会的矛盾"。关于其中的"人类社会的矛盾",马克思从几个角度进行了分析。还有一个是"劳动疏远"。资本主义制度下的劳动不管如何进行筹划,也会带来人们潜意识的"疏远"。

疏远可能是一个难解的词汇,简而言之,就是"不再感到自己做的事是自己的"。因此,又被称为"自我异化"。

经济学研究有关人的意识问题,这在今天的近代经济学或金融经济学中可能会令人感到新鲜，但是，从经济学的历史来看，自亚当·斯密提出"共感"这一概念以来，没有什么稀奇的。不如说，把意识问题置之度外才是当今经济学的曲解。

马克思主义经济学所指出的矛盾中，还有一个大矛盾就是资本家与工资、工人之间的价值的扭曲。即虽然工人通过劳动创造出超过工资的价值，但是，其剩余价值却几乎都被资本家侵吞。这就是有名的"剩余价值学说"。不管用什么样的方式，都是资本家为了获得利润而让人们劳动。因此，其行为原则上是为了获取剩余价值（利润），那么，对工人来说，就不得不接受被排除在剩余价值外的这一命运。

在这样的资本主义制度之下，原本由生产和创造所带来的愉悦就逐渐减退并遭到疏远。即使在大自然的土地上种米和蔬菜令人快乐，但是，在通过市场进行买卖的过程中，就要加上农业机械的购进、维修与流通的成本，还要面临市场上的价格竞争压力，那么，生产的愉悦就渐渐被扭曲。这被认为是资本主义所不可避免的。

以上就是"辩证法的唯物史观"，也是"马克思主义经济学"。

我的讲解过于简单明了，可能容易引起误解。在这里，有关马克思的思想就不再深入了。但是，最后有三点需要特别强调。

第一，这种以阶级斗争为目标的马克思主义（有关从资本主义走向社会主义、共产主义道路的理论）并不仅仅是空头理论。列宁发动了俄国革命，中国建立了社会主义国家，还有越南和古巴也建立了社会主义体制。与马克思的在发达资本主义国家发生革命的预想不同，竟然在当时的落后国家得以实现。

此外，在第二次世界大战后，美苏冷战长期支配战后世界，这也是马克思完全没有预想到的。

第二，我要强调的是，其中存在的"与国家对抗的思想"，以后总是在威胁着国民国家的去向和自由资本主义。这样的思想是独一无二的。特别是，这一革命思想粉碎了"由国民自主的、为了国民的、国民自己的国家"这种法国大革命以后的幻想，提出了革命的行动方针计划，现在仍然应该加以验证。特别是无产阶级应该掌握国家权力这一"无产阶级专政"的计划是极为大胆的。

此外，由此派生出来了无政府主义和劳动组合思想，在日本也孕育了社会党和共产党等在野党的思想意识。不管是巴枯宁、克鲁泡特金等人的政治思想，还是托尔斯泰或者奥斯卡·王尔德的文学思想，都孕育了无政府主义。

但是，我在本书更强调的是第三点，即其中的"历史是进化的"这一观点强有力的启动了。与此相关的是，这一点对当今社会的社会观和人生观的形成影响巨大。

社会总是在进化着吗?
——达尔文主义的冲击

1859年（安政五年），一本略厚的书震惊了世界。这本书是英国人写的。

同一时期，在法国，夏尔·波德莱尔因诗集《恶之花》被指控为伤风败俗而上了法庭；尚·弗朗索瓦·米勒发表了油画《晚钟》。在美国，因梅西百货店开业热闹一时。在日本，刚刚签订日美修好通商条约，安政大狱事件发生了。在埃及，苏伊士运河开工。

就在1859年，查尔斯·达尔文的著作《物种起源》出版了，并于一夜之间售光。如前所述，这一年在英国还出版了戴维·利文斯通的有关非洲探险的《传道旅行记》(《Missionary Travels and Researches in South Africa》)，并成为瓜分非洲的诱因之一。虽然这本书是不容忽视的，但其重要性则远远不及《物种起源》的社会轰动意义。

我本来就不打算在此对达尔文的进化论（确切地说是进化

生物学）进行生物学的说明。虽然我很想说几句，但是，在此，我想强调的是进化论对社会所产生的影响。

到这里，我的话可能给各位造成了"社会是暴走的"这样的印象。特别是资本主义和帝国主义进入20世纪后出现的崩溃现象，怎么看都是疯狂的行动。

自19世纪末开始瓜分非洲，帝国主义的野心日益膨胀。到了20世纪，"法西斯"加入其中，特别是希特勒的纳粹。另外，在社会主义国家也发生了斯大林的肃反运动。包括苏联入侵阿富汗、"布什的战争"也都是这样的疯狂行动。

因此，针对这种疯狂行动，出现了马克思主义等对立思想是理所当然的。但是，每当如此崭新的社会思想出现时，在其影响下，社会的本质和发展的原动力也变来变去，不能稳定下来。特别是在渗透了犹太教和基督教等一神教的普世主义世界观的欧美社会，如果是流行一时的思想或者离奇古怪的计划，有可能使社会转向回到"神统治的社会"。我补充一句，马克思完全否定宗教的权力体制以及宗教国家，甚至主张"宗教是精神鸦片"。

在这样的背景下，达尔文的进化生物学就赫然登上了历史舞台。正好跟列强进入帝国主义阶段是同一时期。

基督教方面立刻将这种思想看成"亵渎上帝"。因为造物主的自然支配遭到了否定。当时的报纸上登载了猴子进化成人的讽刺漫画，嘲笑达尔文主义。在马克思之后，再次出现了不以宗教为依据的思想。

实际上，欧洲的一神教世界观在达尔文主义出现以前，就一直有人把"创造论"和"进化论"进行对比。不言而喻，创造论主张上帝创造了世界、生命和人，而进化论则认为没有上帝的干预，世界、生命和人就被创造出来了。

虽然进化论一直在被与创造论进行这样的比较，同时许多博物学家也做出各种例证，但是，仍然没有达到科学这一境界。只有达尔文一个人（他也曾得到过查尔斯·莱尔和阿尔弗雷德·拉塞尔·华莱士等人的协助）终于描绘出了一个大系统图，并导入了作为自然选择机制的"自然淘汰"这一原理。

这是达尔文的胜者通吃。那以后，一直到遗传基因生物学迅速发展的今天，达尔文主义总是不断提供着进化原理，一直处于胜者通吃状态。特别是在集团遗传学领域，认为生物种集团在繁殖过程中通过遗传基因频度变化而进化的这一观点是不可动摇的。

虽然达尔文主义是足以打倒创造论的科学，却时常遭到误解。就像马克思的思想一直以来不断被误解、修正一样。特别是达尔文主义的一部分思想飞跃成"社会是不断进化的"这一解释时，则远离了达尔文的意图，甚至成为许多人希望社会进步和革新的思想根源。

实际上，在达尔文去世以后，许多被称为进步社会思想的，都是以达尔文主义为大前提的。虽然进化生物学原则上适用于生物的进化，但是，达尔文未曾说过它也适用于社会。这一点要提醒各位注意。

以此为前提，那么，为什么达尔文主义被社会化了呢？

进化论带来对明天的希望

今天,许多人都在思考着社会能否革新、社会是否应该进步这样的问题。不管如何才能革新、向着什么方向进步,不思考的话就会感到纠结。

反之,如果接受"社会是停滞的"或者"社会是在退化的"等观点的话,心情就会变得忧郁。而且如果这样说,就会被认为是有颓废思想或反社会思想而被讨厌,或者被说成"陷入了唯美主义"而成为笑柄。

因此,一般认为,社会是在进步的,或者推动社会进步是人类的使命。如果政治家不相信这一点的话,就没有资格当政治家。就像如果医生不相信医学的进步,就没有从医的意义一样。也就是说,进化论远离了圣西门、马克思和达尔文,为人们带来了对明天的希望。

那么,社会真的在进化、在进步吗?人类历史确实让我们看到这一点了吗?石川啄木所说的"既成"中,是否充满了对进化和进步的确信呢?有人说"人的智慧跟从前没什么两样",

好像自己是全知全能一样。然而，不管智慧如何，社会真的是在进步吗？或者，社会的哪个方面进步了，才算"更新了"呢？

那么，进步到底是什么呢？是战争结束而迎来和平社会吗？是全体国民能享受福祉吗？是"大家"的存款多到一定水平吗？是没有犯罪的安全社会吗？是能让孩子们茁壮成长的社会吗？是人类和环境的共生吗？

这些都是美好的愿景。但是，真的就能实现吗？我想，这样的社会还没有出现过。

即使如此，人们仍希望离实现这些愿景更近一些。为了更接近愿景的实现而做出努力的话，"大家"的信念本身就是社会进化的证明。

如果说人类的智慧跟从前没什么两样的话，那么，恐怕人类的憎恶和嫉妒也跟从前没什么两样吧。我所尊敬的精神医学家中井久夫在著作《分裂症与人类》（东京大学出版会）中，论证了人类自古希腊以来所患的精神病。既然人类从古代就受精神病的折磨，那么，怎么办才好呢？于是，人们千方百计地试图解决这一问题，首先有了宗教和信仰，然后有了社会制度、国家制度、自由市场的扩张。实际上，正是在这种愿景的基础上，在近代，民主主义和自由资本主义得以推广。

然而，这难道是社会进化的唯一重要证据吗？假定如此，就需要看到，自民主主义和自由资本主义开始确立，已经过了很久。民主主义是以"少数服从多数的规则"为保障的，而自由资本主义则是允许"竞争原理"的（严密地说，以上分别是民主主义和自由资本主义的定义）。仅仅有了这些，还不能实际感受到社会在发生惊人的进步。

也许可以说,为了让"大家"确实认识到"进步",而用了"规则"。

上述问题是难以解决的。可是,我认为如果对社会进行思考的话,就不得不面对这些课题。可以说,几乎所有的社会思想都是以此为目标进行思索的。

还有,虽然将这样的尝试推广到整个世界是不可能的,但是在小范围或特定的地区,有许多追求理想的活动家和思想家。比如,甘地为实现"非暴力",领导印度人民摆脱了英国的殖民统治。从弗朗茨·法农到马丁·路德·金领导发起的黑人运动,就是始于渴望消除对"皮肤颜色"的歧视。弗朗茨·法农说:"既没有白色的思想也没有黑色的思想,更不存在白色的智慧。"

至于说进步或革新不是仅仅涉及一部分地区或一部分人,而是涉及全世界,这仍然是不可能的。古代中世纪的世界各大宗教的目标就在于此。犹太教、基督教、佛教、伊斯兰教都一样。除了伊斯兰社会,现状是,宗教是在"政教分离"(政治和宗教的分离)的思想得以广泛接受的环境下,作为个人信仰自由被传播的。那么除了宗教以外,有没有为世界带来进步的其他要素呢?

实际上,跟达尔文生于同一时代的一位社会哲学家也曾经做过类似的尝试。正是这位社会哲学家带来了达尔文主义的社会化。他就是英国的赫伯特·斯宾塞。我来介绍一下其社会论的尝试。

直指未来
　　——斯宾塞的社会进化论

　　斯宾塞曾任《经济学人》的副总编。他在1861年出版的著作《社会静学》，首先提出了"社会有机体"这一假说，然后，在《科学的起源》和《心理学原论》中，指出精神和文化也有进化的可能。

　　值得关注的是，他认为社会的进化和文化的进化是因"异质"的出现而引起的。当整个社会在从同质的状态中产生出异质的现象时，只要对其进行综合理解的话，进化就必然发生。也就是说，他主张，是"异质"建立新"秩序"的。

　　这是具有划时代意义的观点。如果像斯宾塞所说的那样，是异质建立秩序的话，那么，政府就不能介入对社会秩序的统治，而应该采取自由放任主义。这其中涵盖了相当于今天的"小政府"主义的视点。

　　斯宾塞花了大半生的时间，试图建立一系列的"综合哲学体系"。这是由各有一到三卷的《第一原理》《生物学原理》《心理学原理》《社会学原理》《伦理学原理》等著作组合而成的。虽然理论性过强,却在一定程度上阐明了"人类社会的进化大全"这一思想。

简单地说,斯宾塞认为,生命是随着内在关系适应于外在关系而生长发育的,其中在产生神经线时具有向"意识"进化的意图。这一意识在多次反复进行分化与整合后,就产生了"精神",进而产生了"知性"。这主要是因回忆和联想而向多样化发展的,因此,人开始具有进行复杂推理的能力。

由这样的人形成了社会,是因为在精神和知性中产生了"畏惧",进而导致宗教的诞生。但是,与此同时,人作为具有社会性的有机体的一部分而开始活动,最终形成城市和国家,同时各种价值交换活动也变得更加频繁。这与达尔文的优胜劣败和适者生存经历了同样的过程。斯宾塞认为,最初,事态的发展受到集团的约束,但进而却会逐渐产生个体的自由。

这样的社会叫"超有机体"。上面我介绍过社会有机体一词,斯宾塞更进一步地提出了超社会有机体的概念。

接着,斯宾塞对将来超有机体的进化进行了展望,认为人会因新的伦理而觉醒。这一新伦理是"发生于个体与种之间的伦理",综合起来就是"善"。

也就是说,虽然人既有利己的一面也有利他的一面,但两者交错在一起,"善"伴随着"快感",身体和精神会随之相互融合。这样就能实现真正的自由放任社会。粗略而言,就是这样的思想。

斯宾塞的社会进化论是颇具展望性的,却是非常单一的。

可以说是单线型或者直线型的。而且读其著作时，会感到相当冗长烦琐。因此，如果用严密的思想史来进行验证的话，它被视为通俗的社会进化论。

即使如此，实际上将达尔文主义向社会广泛传播的，正是斯宾塞的充满希望的进步主义，被称为"社会达尔文主义"（或者社会进化论）。

比如说，亨利·柏格森写《创造进化论》提出"生命的飞跃"这一概念，就显然是受了斯宾塞的社会达尔文主义的影响。西田几多郎写《善的研究》也是受到了斯宾塞的影响。跟冈仓天心一起为重新关注日本美术做出贡献的菲诺洛萨，也是精通斯宾塞哲学并富有朝气的社会学家。明治政府的首任文部大臣森有礼曾与斯宾塞见过面，并受到了很大启发。

特别是斯宾塞哲学进入了制度论和体制论后，塔尔科特·帕森斯和尼克拉斯·卢曼等著名社会学家将关于社会进化的思想发展并套用于现代社会。斯宾塞哲学甚至被应用于美国开拓者精神的现代化上。

但我认为，如果把这种进步思想套用于所有方面，那就未必合适了。

我认为进步和革新，也就是进化主义思想，是不能一股脑地搞成"世界大"的。斯宾塞的主张有其值得关注的一面，但如果被套用与文化和精神方面的话，就会突然失去光彩。

恐怕达尔文主义、马克思主义和社会达尔文主义都诞生于不均衡制度的夹缝中，应该说其愿景和方法在当初是具有向世界推广的可能性的。但是，说这一思想覆盖全世界并操纵人们信念，则另当别论了。

不同于进化的变化
——佛教世界观的影响

因此,在此需要重新思考的是,因曲解马克思和达尔文的思想而出现的"历史是发展的""社会是进步的"等观点,到了19世纪后半叶成了四海皆准的大前提,而且变得不可阻挡。

如上所述,19世纪后半叶是国民国家成为列强并开始走向帝国主义、瓜分非洲并蚕食亚洲的时代。再把社会进步主义原封不动地加进去,会如何呢?就成了对落后国家的侵略。这被冠上"开发""开放""革新"的美名,却是为了满足自国的国力增强和产业扩张。这种行为作为列强的逻辑,受到了相互肯定,这是最大的问题。进行瓜分非洲的帝国主义列强打着"文明化"的旗号,就是如此。到了战后,则表现为以"民主化"的美名介入落后国家等的联合国安全理事会所代表的"新列强"的做法。

的确,马克思主义与列强的疯狂进行抗争,同以工人和农民为中心的强韧的民众运动相结合,在日俄战争后的俄国爆发了俄国革命,在中日甲午战争后的中国相继爆发了孙中山的革命和毛泽东的共产主义革命。但是,欧美列强的疯狂并没有被压制住。不仅如此,在列宁和托洛茨基的时代后的斯大林时代,苏联本身成了"苏维埃帝国主义",作为所谓苏联圈,把东欧像殖民地一样掌控在手。

自由主义阵营和社会主义阵营都将"进步"和"革新"作为各自的口号。

还有一点要注意的是,社会达尔文主义和进步主义思想中的大部分是容易被"优胜劣汰"主义者所接受的。实际上,在19世纪后半叶,法兰西斯·高尔顿等人提出"优生学"的主张是受到孟德尔的优生遗传理论的启发,与人种或个人的优劣相结合,进而对社会的优等力量进行积极评价,并在此基础上制定社会进步和个人进步的计划,最后发展成为所谓"优生运动"的具有歧视性的思想运动。

特别是威廉二世的"黄祸论"(黄种人蔑视论)和纳粹的"反犹太主义",就是跟这样的优生学思想运动重合在了一起。至于"智商"和所谓 IQ 测试等是由此流行起来的,这也是值得引起注意的。

这些侵略的意图被冠以进步的美名而隐藏起来,这让我突然想将其跟佛教思想进行比较。

佛教思想是以"缘起"和"空"为前提的人生观和社会观。在这一前提下,佛陀认为"一切皆苦""诸行无常",即世界本来就是苦的、是空的。

从这种佛教思想一定不会产生像未来志向型进步主义一边倒这样的展望和构想。不管对世间（社会）还是对人生，"清醒"的心态是受到尊重的。在日本的中世，由此产生了"无常"的感觉。世间是变幻无常的，因而绝对不是一成不变的。只能接受其变化并切身感受。这样的观点就是无常观。

在此，是承认"变化"的，但其变化不一定就是"进化"。在佛教思想中，出现了亲鸾所提出的注意"恶人"的观点。这样的想法难道太特殊了吗？难道是只是过于强调"放弃"的境界吗？

我不这样认为。我在著作《空海之梦》（春秋社）和《法然之编辑力》（NHK出版）中写道，佛教所象征的社会观、人生观和历史观在21世纪变得更为重要。实际上，19世纪，这种佛教的教义曾经被介绍到欧洲。亚瑟·叔本华等哲学家对佛教思想瞠目结舌，许多欧洲思想则对被看作"厌世主义"或"虚无主义"的佛教表示警戒，甚至批判其缺乏发展性。

然而，事实究竟如何呢？我认为，随着佛教的思想从近代步入现代，需要进行更加深入的探讨。

不仅是东方，在20世纪的欧洲也出现了一批关注这种"没有进化的变化"或"无常"的历史学家和文学家。例如，卡夫卡、保罗·托马斯·曼、斯宾格勒、海德格尔、雨果·巴尔、阿诺尔德·约瑟夫·汤因比、詹姆斯·乔伊斯、阿尔贝·加缪、让·谷克多、阿尔伯托·贾克梅蒂、安德烈·马尔罗、凯鲁、亨利·米肖、伊曼纽尔·列维纳斯、米榭·塞荷、萧沆等等。

到这里，我们一起浏览了由马克思和达尔文开创的崭新思想。在此，不能否认20世纪的世界观之一开始产生巨大的推动作用。当然，提供20世纪的思想和世界观的不仅仅是马克思和达尔文。

1900年，马克斯·普朗克发现"能量量子"，并由此概念出发提出了量子力学。爱因斯坦在1905年和1916年分别发表了狭义相对论和广义相对论。这些都给20世纪的世界观带来巨大的影响。在此，与达尔文的"自然是连续的"这一观点相反的思想认识开始萌芽了。

自然是不连续地发生量子飞跃，将时间和空间相互关联或者相互重叠，运动的坐标系之间的计测值发生显著的变化，等等。这样的观点出现了。

此外，将艺术价值同经济学未曾发现的价值结合起来的约翰·拉斯金的思想、大胆地说出"上帝已死"的尼采的虚无主义思想、主张消除社会上的歧视并呼吁男女同权的男女平等主义的先进思想等，都提出了与单纯的进步主义不同的主张。

关于产生别样的观点，用我在本书中所强调的一个概念说，就是发生了"相互记谱式编辑"。不是同样或同义的发展逻辑，而是把另一方或其他方发生的事情放在一起讲。比如说，被称为"20世纪文学的烛光"的卡夫卡的文学作品，就是在相互记谱之"间"照亮了世界。

第9讲

20世纪哲学和文学的暗示

在高中课堂上不讲的现代史，应该从何下手？

各位读者为加深对 20 世纪的认识，在读哪些书呢？我推荐各位偶尔读一读从来没看过的书。要想解读 20 世纪，需要有不同寻常的视点。

例如，杰奥瓦尼·阿瑞基的著作《漫长的 20 世纪》（作品社）。这本书以难以看见的"资本"为主人公，讲述了 20 世纪主要国家的辗转变迁。乌尔利希·贝克的著作《危险社会》（法政大学出版会）以"风险"（危险度）为主人公，犀利地质问道，从近代到现代所增加的，到头来难道不是只剩下风险了吗？斯拉沃热·齐泽克在《难对付的主体：缺少中心的政治本体论（The Ticklish Subject: The Absent Centre of Political Ontology）》（青土社）一书中，爆料影响 20 世纪的思想和意识形态的主人公是"难对付"的。齐泽克是哲学家，出生于我在东方卷第 1 讲中介绍过的"南斯拉夫"中的斯洛文尼亚。

这三本都比较难懂，却能为我们思考现代社会，给予许多重要启发。三本书分别从"资本的角度""风险的角度""难对付的主体的角度"来阐述,仿佛在诉说对社会的解读被这些主语逼迫到了紧迫关头。了解这种紧迫的观点,对形成站在历史的现在的编辑式世界观是不可或缺的。

一般来说,书都是被设定了主题的。重要的是看其主题是用什么样的主语或什么样的主人公来讲述的。特别是20世纪,"国家"和"我"相互复杂交错,因此,需要弄清楚主语或主人公。

石牟礼道子的著作《忸怩之国》(石风社)把昭和时代的日本社会的一切都寄托在"忸怩"这一概念之上。出生在水俣的石牟礼道子生活在周围的人遭受着水俣病折磨的这一残酷现实中,而不得不把祖国说成是"忸怩之国"。整本书仿佛是复式梦幻式的能①一样的诗集,非常值得一读。

将20世纪的日本不是看作"忸怩之国",而是看成"拥抱战败之国"的是约翰·道尔②,他著有《吉田茂及其时代》(中公文库)和《拥抱战败:二次大战后的日本人》(岩波书店)。一直被称作自由主义政治家的吉田茂③,在约翰·道尔的眼中,则是有一副帝国主义者的"面貌"、并具有保守的选民观念的人物。而对一个人物的讲述方法不同,对历史的认识就会发生变化。在读了佐野真一的《昭和虚人传》(筑摩文库)、以及赤裸裸地描写读卖新闻社的正力松太郎的《巨怪传》(文春文库)等书以后,我自己的关于日本昭和的历史观发生了很

---

① 日本独有的一种舞台艺术,为佩戴面具演出的一种古典歌舞剧。
② John W. Dower, 1938年6月21日生,美国历史学家,作家。
③ 1878—1967年,日本原内阁首相,为大日本帝国宪法下的最后一任首相。

大变化。

请一定多翻阅各种书籍。

即使读不懂也要拿在手里翻一翻。就算只是看标题和关键词，也能够对有关社会的观点保持一种好奇心和新鲜感。以下的书籍也曾令我震惊。

迪克·庞田（Dick Pountain）和戴维·罗宾斯（David Robins）在著作《酷规则：心态解剖（Cool rules: Anatomy of an attitude）》（研究社）中，把从牛仔裤和爵士乐，经安迪·沃霍尔，到嘻哈等美国传播的20世纪大众文化用"酷"这一关键词所概括。

作者对美国酷文化的现状做了以下概括，①任性式的自恋；②浪漫嘲讽式的漠不关心；③不言而喻的享乐主义。切入点极为敏锐。

曾在外务省负责对俄外交、后被捕入狱的佐藤优写了一本书，叫《国家论》（NHK出版）。这本书以"国家的疯狂行动"为主人公，很值得玩味。从怎样才能阻止"国家的疯狂行动"这一视点，作者刻画出了"国家"的真面目。而从无业游民到去巴黎留学从师于巴利巴尔（Étienne Balibar）的萱野稔人写了《国家是什么？》（以文社）一书，同样以"国家"为主题，却是以"伴随暴力的主权"为主人公的。

令我有些意外的是，兰顿·温纳（Langdon Winner）在著作《鲸与核反应堆》（纪伊国屋书店）中，描写了核电站好像妖魔一般令人毛骨悚然，他把核电站与自太古时代到现代一直生存着的鲸相对比，令人感到阴森恐怖。他将20世纪的主人公看作是"不可以打开的潘多拉的盒子"。寺岛实郎在《深呼吸历史，畅想未来》（新潮社）一书中，以内村鉴三、冈仓天心、钱德拉·鲍斯、鲁迅、铃木大拙、甘地、罗斯福、朝河言二、大岛浩、道格拉斯·麦克阿瑟、周恩来等人物为主人公，对20世纪的历史做了深刻分析。

关于20世纪究竟是什么样的世纪，人们至今仍在用各种各样的主语和手法进行着验证。许多主人公相继出现。但是，不能把这些主人公分开来看，而应该进行相互记谱的分析。

然而，即使是相互记谱，如果不了解作为基础的20世纪的历史潮流，就不能正确地解读历史。毕竟在日本高中的世界史课堂上，是不教现代史的。

20世纪究竟是什么呢？在众所周知的重大政治事件中，就有俄国革命爆发，两次世界大战之间出现了前所未有的世界恐慌和希特勒纳粹势力的抬头等，侵略和背叛连续发生。大日本帝国在满洲事变（九一八事变）之后一直在进行战争。美军投放的两枚原子弹在日本上空爆炸。日本战败后，驻日盟军的霸主美国占领了日本。

放眼世界，美苏冷战构造长期继续，接着，苏联和东欧的社会主义突然消失。不知不觉中，以金融工学和互联网为代表的信息资本主义在全世界挥舞着大手，银行、商店街和一家团圆都改变了模样。

另一方面，生产石油的中东地区的势力开始增强，与此相对照的是，贫困和饥饿集中于特定的地区。这期间，欧洲花了十几年建立欧盟,而伊斯兰社会则逐渐扩大影响力。

2001年,"9·11"恐怖袭击事件发生了。接着,全球资本主义和谷歌蔓延到了全世界。粗略地说就是这样吧。

用其他的讲述方式也可以。比如说,毕加索、可可·香奈尔、三岛由纪夫、加夫列尔·加西亚·马尔克斯、甲壳虫乐队等,或者达达主义、超现实主义、未来派、包浩斯①、随身听录音机、信息革命等,都可以作为讲述20世纪的各种主语,而被表达的就是历史文化本身。

如果关注世界各国的政治家,将毛泽东、吉田茂、埃及的纳赛尔、肯尼迪、胡志明,或者赫鲁晓夫、基辛格、巴勒斯坦解放运动领袖亚西尔·阿拉法特、奥萨马·本·拉登等人穿连在一起,以"施政的成就与失败"为主语即可。

一部电影、一本科学著作也会令人感受到现代史的脉搏。比如,电影《灰烬与钻石》描写纳粹占领下的华沙,从中可以窥见20世纪的含义。这部电影的导演安杰依·瓦伊达是波兰人,观察从他的电影制作生涯也是有意义的历史编辑。著有《理查德·费曼物理学》(岩波新书)和《开玩笑吧,理查德·费曼先生》(岩波现代文库)的理查德·费曼关注着20世纪科学发展的脚步,好像在用特写镜头观察20世纪。从瓦伊达的日常可以联系到20世纪欧洲的悲剧细节,从理查德·费曼可以联系到最新的科学,于是,在这个世界上潜藏着的具有"复杂性"和"不确定性"的东西,就会活灵活现地展现在眼前。

当然,用自己的家族史或街道角落的琐事也可以讲述20世

---

① Bauhaus,是一所德国的艺术和建筑学校,讲授并发展设计教育,对于现代建筑学影响深远。

纪。讲述从图灵机和计算机的历史、电脑革命,到智能手机和社交网站,也是重要的。我曾经从李光耀、冈本喜八、白洲正子等人各自不同的讲述方式中感受到了20世纪。

当今的日本仍置身于《旧金山和约》之中

下面，我来讲讲对日本而言，20世纪究竟是什么。这么一说，很容易令人联想起20世纪前半部分的黑暗的昭和史。其实不然，1900年还是明治三十三年。日俄战争是日本的20世纪，也就是明治时代晚期的开始。

因此，即使用同样阴暗的讲述方式，具有象征意义的事件有，比如明治天皇驾崩、乃木希典大将夫妇自杀、加上森鸥外用感人肺腑的语言写下《奥津弥五右卫门的遗书》、平塚雷鸟创刊《青鞜》、大杉荣创刊《近代思想》、石川啄木之死等等，日本的20世纪就是这样启动的。

在写《奥津弥五右卫门的遗书》之前，森鸥外曾经在《性欲的生活（Vita Sexualis）》等作品中以自己的性体验为中心描写了个人主义的享乐生活。然而，乃木希典夫妇的自杀令森鸥外感到愕然，他进而下决心让自己变得更为"简净"，于是，写下了《奥津弥五右卫门的遗书》。他的下一部作品《阿部一族》极为壮绝。那以后，森鸥外专门从事历史小说和稗史的写作。森鸥外只能面对"历史的现实",这是万不得已的。

上述这些事件发生在明治时代晚期的日本。那以后,日本出现了平民首相原敬,西条八十和野口雨情等人发起了童谣运动,竹久梦二绘制的明信片风靡一时等,形成了所谓"大正民主"。然而,大正浪漫的幻影并不长久。

当时,昭和军部已经开始了侵略扩张。日本向中国提出二十一条要求以后,从出兵山东到暗杀张作霖,从统帅权干犯问题到满洲事变,从上海事变(一·二八事变)到五·一五事件①,并于1932年(昭和七年)宣布建立满洲国。昭和前史的日本完全是军部独裁的过程。

以后就爆发了日中战争和太平洋战争。日本陷入长达15年的战争泥沼中无法自拔。最终战败。我生于黑暗的时代漩涡中。1945年7月26日《波茨坦公告》发表时,我一岁半。

1946年1月1日,昭和天皇发表了通称为《人间宣言》的诏书②。在东京审判结束后,美国一直作为驻日盟军的代表,占领日本列岛。苏联曾要求从留萌到钏路划线,将北海道一分为二进行占领,遭到了美国的拒绝。结果,日本没有被分割,取而代之的是整个日本被美国驻日盟军总司令部所统治。我建议各位读一读半藤一利的著作《昭和史》(平凡社丛书)。

---

① 五·一五事件:1932年(昭和七年)5月15日,以海军少壮军人为主举行的法西斯政变。

② 诏书否定了日本天皇作为"现代人世间的神"的地位,宣告天皇也是仅具有人性的普通人,从某种意义上减弱了长久以来存在日本国民心中的忠君思想。

即使如此,最近许多人不知道"日本曾经被占领过"。因此,我要强调的是,昭和时代的日本不仅被占领过,而且宪法、产业政策、自卫队等一切都遵从了美国的意愿。1951年(昭和二十六年)在旧金山召开了日美媾和会议,日方代表为时任首相的吉田茂,双方签订了和平条约,日本终于"独立"了。也就是说,被"占领"了一段时期后,终于"独立"了。可是,冲绳被放置不顾。

有关《旧金山和约》①,我当时读了《每日小学生新闻》,至今记忆犹新。大照片中,街道上飘动着许多万国旗。那时我7岁。所谓"独立"是跟《日美安全保障条约》(日美同盟的根源)②同时生效的。于是,日本各地建了美国的军事基地。这就是"旧金山和约框架"。至今,日本仍然置身于《旧金山和约》的框架之中,依然和当时一样处在美国军事实力的伞下。

我在东方卷第5讲中,介绍过欧洲史是沿着威斯特伐利亚体系、维也纳体系、凡尔赛体系这一顺序发展的。而二战后的体制则始于雅尔塔-波茨坦体系。美国加入了其中。但是,美国不愧是美国,二战后立即建立了布雷顿森林体系,并通过史密森体系,在全世界开启了金融主导型资本主义。此外,美国还这一系列过程中,同日本签订了《旧金山和约》,以此将日

---

① 旧金山对日和平条约,Treaty of Peace with Japan,通称"旧金山和约",由第二次世界大战的48个战胜国与战败国日本于1951年9月8日在美国旧金山所签订的条约,并于1952年4月28日正式生效。

② 正式名称为《日本国和美利坚合众国之间的安全保障条约》,是1951年9月8日日本与美国在旧金山美国陆军第六军司令部签订的军事同盟条约,此条约不仅构成规定日本从属美国的法律依据,而且使美国可以在日本几乎无限制地设立、扩大和使用军事基地。

本揽入怀中。姜尚中和中岛岳志在合著《日本》（河出文库）中提出了"主权泛在"（泛在即"无所不在"）的问题，分析得十分透彻。确实，主权被分散到全球各地、无所不在。

接下来，我们来看看列强的20世纪是如何开始的呢？这又给思想、哲学、文学、艺术带来了哪些影响呢？我在西方卷第8讲中讲述了马克思主义和达尔文主义为20世纪所注入的"进化"和"进步"的愿景以及"淘汰"和"适应"的思想，后来又是如何发展的呢？

德国的 3C、英国的 3B
——工业大国与资本相结合的时代

我还是以德国为例。

20世纪的德国,不仅出现了"纳粹的疯狂",而且是当时世界的缩影。

早在19世纪末,列强各国经历了瓜分非洲或侵略亚洲后,相继进入了"帝国主义"阶段。到了20世纪初,列强统治了全世界的84%。这一令人震惊的数字源于列强的工业实力。虽然石油化学工业还未达到全盛时期,但是,钢铁的生产能力提升了军事实力和国力。列强各国之间的工业实力竞争就如同拳击比赛一样激烈。结果,产业实力的优势由英国迅速转移到了德国和美国。实际上,从20世纪初的工业实力开看,英国是100年前的2倍,而美国则是3倍,德国竟然是4倍(俄国甚至是9倍)。

其背景之一是肥料、染料、药品、塑料等许多产品都是由英国以外的各国进行技术开发的成果。也就是说,"英国的时代"开始面临危机。这是伊丽莎白女王以来的"不列颠治世"所面临的首次危机。至于为此感到焦急的英国是如何逆转局面的，我在后面讲解。我所说的"英国的犯罪"就是在这个时候被谋划的。

欧洲的人口异常膨胀，发生了跨越国境的大规模人口移动，这可以说是20世纪初的特征之一。

19世纪的一百年间，欧洲人口从2亿人增加到了4亿5000万人，而在其中的五十年间，约4000万人移民美国，还有约700万人移民澳大利亚或南美。人口剧增的前提条件是营养得以充分供应、医疗技术的发展降低了死亡率。关于营养，我在东方卷第4讲中介绍了德川家康的萨摩芋，即中国的红薯，而在欧洲，营养来源则主要是马铃薯。

金融资本得以积累，列强各国通过资本输出获取利益也众所周知。这一时代还是金本位制，但在美国，洛克菲勒家族和摩根家族等为迅速积累资本而不断进行企业收购和企业合并。

因此，20世纪拉开帷幕的一大特征，可以概括成工业大国时代和资本整合的时代。然而，工业和资本开始离开英国而集中到德国和美国。美国参加第一次世界大战而大发战争财，却在1929年的经济危机中一败涂地。尽管罗斯福总统实施新政试图打开局面，但美国的经济复苏仍然花了很长时间。

在德国，希特勒则克服了经济危机，而开始转向企图称霸世界。其原因不是仅用"希特勒的疯狂"就能够解释的。首先，我们来看看德国在20世纪初是如何试图跟英国进行一对一的竞争的。

德国皇帝威廉二世抱有极大的野心,并且极端厌恶黄种人。他是我在前面讲到的,将以优生学为基础的"黄祸论"散播到全世界的祸首之一。

关于这一论调给中国人和日本人造成了多大的屈辱,我有很多要说的,但在此姑且不提。黄祸论(Gelbe gefahr / Yellow peril)是说中国人、朝鲜人、日本人、蒙古人等黄种人将世界弄得糟糕,是一种极端的种族歧视。然而,当时所散布的言论却不仅仅停留在种族歧视这一层面。1896年,在德意志帝国建国25周年纪念日的那一天,威廉二世宣布"德意志帝国为世界帝国"。他说,即将迎来德国人民居住在世界各地的那一天,并一定会实现通过德国的文化、德国的学术、德国的产业来统治全世界。这简直跟后来的希特勒是一模一样的。其中存在着针对英国的强烈对抗意识。

当时,威廉二世的德国与维多利亚女王的"不列颠治世"的英国正在展开正面交锋。

其中,最为显著的就是德国的"3B政策"与英国的"3C政策"之间的竞争。3B是指德国修建了巴格达铁道,将柏林、拜占庭(伊斯坦布尔)、巴格达连接在了一起。3C则是指英国将通过瓜分非洲而获取的开罗和开普敦,加上印度的加尔各答,连接成一个三角形。这是世界史上最壮大的地缘政治学构想。横跨欧亚非大陆的德国的3B与英国的3C这两个三角形隔着中东,进行较量。

还有,在日俄战争后,德国的"三国同盟"(德国、奥地利、意大利)和英国的"三国协商"(英国、法国、俄国)也发生了冲突。虽然这是列强为所欲为地瓜分世界的游戏的延长，但却发展成了德国和英国的决战。这显示出20世纪初的特征。

德英双方旗鼓相当。在工业实力方面，德国领先。就军事实力来看，按照1900年制定的德意志帝国海军法的规划，德国拥有战舰38艘、巡洋舰大小加在一起48艘，已经超过了英国。就在这样的背景下，德国和英国终于发生了冲突。

各位知道，德英冲突是在哪里、又是如何发生的吗？我曾多次提醒各位关注的奥斯曼帝国（土耳其），成了第一次世界大战爆发的导火索。

巴尔干的火药库爆炸
——第一次世界大战爆发

第一次世界大战是十分可怕的世界战争。除了动用大炮、坦克、飞机、飞艇、战舰、潜水舰、鱼雷之外，还使用了 40 多种毒瓦斯。参加战斗的兵力是德国 1800 万人、英国 1000 万人、法国 1400 万人、俄国 1700 万人、意大利 500 万人。

最初的起因是奥斯曼帝国出现的新动向，即"青年土耳其党"。青年们因日本在日俄战争中打败俄国而受到刺激。他们大叫着打倒苏丹，呼喊着夹杂着 Mikado（天皇）、Togo（东乡平八郎）、Nogi（乃木希典）等日文的口号，呼吁在立宪制的基础上建立民族国家。（土耳其至今也有亲日倾向跟当时有关。）

然而，正如在俄土战争时一样，俄国是不允许土耳其发生运动的。如上所述，因为俄国希望一直利用处于土耳其统治下的巴尔干半岛所孕育的泛斯拉夫主义思想。但这在同样将巴尔干视为心脏地带的英国看来，是不能允许的。于是，土耳其开始拉拢通过 3B 政策对伊斯坦布尔表示关注的德国。

这时，以俄国为后盾的保加利亚宣布独立，接着，塞尔维亚、黑山、希腊、奥地利乱成了一片。两场巴尔干战争的结果，土耳其跟德国和奥地利站到了一起。

在如此紧迫的形势下，在波斯尼亚的萨拉热窝发生了奥地利皇太子夫妇被塞尔维亚的学生暗杀的事件。事件发生的地点在地缘政治学上极为重要。就在巴尔干半岛的正中央。正是在这个被称为"欧洲火药库"的巴尔干，重大事件爆发了。

奥地利立刻向塞尔维亚宣战，这如同点燃了导火索，紧接着列强各国纷纷参战，火上浇油，第一次世界大战愈演愈烈。

五年战乱的结果是，德国、土耳其、奥地利、保加利亚成为战败国，获胜的是英国、法国、俄国、美国等27国。战争的灾难所带来的损失甚大，就连获胜方也消耗得精疲力竭。

自帝国主义列强瓜分世界以后，世界地图发生了突变。首先，旧帝国一个接一个地崩溃了。例如，霍亨索伦王朝的德意志帝国、哈布斯堡王朝的奥地利帝国、苏丹和哈里发统治的奥斯曼帝国等。旧政治体制因其固有弊病而无法在20世纪大格局中胜出。也就是说，国民国家的"列强"最终获胜。就连长期维系强大军事帝国地位的奥斯曼帝国也土崩瓦解了。

美国中途参战，坐享渔夫之利。美国最初只是向英国和法国出售出租武器和粮食，而摩根财阀为了确保赊卖贷款的收回，强行要求美国政府参战。结果多亏了摩根料事如神，美国赚了大钱。说实在的，美国是被"战争商人"的脚本拉着参战的，却因此成了凌驾于欧洲之上的国家。美国遭受金融危机的挫折，是后话。1917年俄国革命的胜利也是第一次世界大战的结局之一。在俄国，统治旧帝国的罗曼诺夫王朝被推翻了。

第一次世界大战后，起了最具有决定性作用的是，全世界都高喊着惩治战败国德国。

英国主张"榨取德国直到柠檬种子哭为止"，法国叫喊"什么都让德国付"，将所有的战争责任都加在德国身上。在战后的《凡尔赛和约》[①]中，由战胜国做出的决定是，德国放弃所有的殖民地、将钢铁产地阿尔萨斯·洛林归还给法国、将煤炭宝库萨尔兰地区中立化、裁军、巨额赔款。这就是"凡尔赛体系"。

这些条款的结果是予以德国极大的耻辱。其中，许多德国人居住的被称为"波兰回廊"的地区被割让给波兰，德国本土和东普鲁士被分裂，这些都极大地刺伤了德国人的民族自尊心。后来，纳粹侵略波兰得到众多德国人的支持，其背景就在于此。

下面，我转入第9讲的正题。德国经历了从威廉二世时代到第一次世界大战的战败，其间，孕育了许多独特的思想力和表现力，为以后的世界观、社会观和人生观的形成带来了深远影响。这些思想力和表现力是与马克思以及达尔文不同的。

比如，弗洛伊德（奥地利人）、卡尔·荣格（瑞士人）、胡塞尔（奥地利人）、雅斯贝尔斯（德国人）、卡夫卡（捷克人德语作家）、麦克斯·霍克海默（德国人）、魏复古（德裔美国人）等人。他们各自的命运都跟德国息息相关。

[①] Treaty of Versailles，全称《协约国和参战各国对德和约》，是第一次世界大战后，战胜国（协约国）对战败国（同盟国）的和约，其主要目的是削弱德国的势力。

弗洛伊德所发现的"内在黑暗"
——社会进化与压抑

1900年西格蒙德·弗洛伊德出版了著作《梦的解析》。当时几乎没有受到关注,但这本书宣告了20世纪已拉开了帷幕。

弗洛伊德发现了一个前人未踏的领域,并加以论证。这一领域就是"心理",是研究"心"的学问。

经过19世纪,世界各国或建立了国民国家、或沦为殖民地、或遭到分裂,命运各异。在这样的背景下,弗洛伊德如同哥伦布或麦哲伦那样,发现了"心理世界"这一隐藏在每个人心中的"不为人知的心中的大陆",并且得出了"潜意识支配着人的一生"这一结论。这是社会达尔文主义想象不到的。

人具有一种叫作性冲动或潜意识的、连自己都没有认识到的意识领域。其中,前意识是即使一时想不起来也会由于什么诱因而浮现出来的。潜意识(也译作无意识)则是如果什么也不做,几乎不会在意识中浮现出来的。但是,包括前意识和潜意识的黑暗部分在内,人形成了"本我"和"自我"。

性冲动是有关性的意识，而潜意识是关于自我的意识。

弗洛伊德的思想为我们提供了一个新观点，就是在文明和社会进步后面，一定有"压抑"在发生作用。他主张，这一压抑是在心理方面把人硬塞进社会进化的表层之下。

这是怎么回事呢？简而言之，人是因一个人无法生存而建立家庭和社会的，但同时却会产生制度和制约压抑人的欲望。为此，表面上确立起来的"本我"和"自我"，要承受因各种欲望得不到满足而带来的压抑。

以上是有可能发生在每个人身上的。但弗洛伊德在此前提下，在《幻想的前景》一书中主张，战争、犯罪、暴力具有解决这种欲求不满的作用。他指出，假设政府是自我的话，国民就是被迫承担性冲动和潜意识的本我。

这是大胆的假说，把发生战争或犯罪的原因看作一种为消除压抑的心理学的作用。这有时被说成拥护战争或拥护犯罪，其实是没有道理的。实际上，是弗洛伊德终于（不仅弗洛伊德，在他以前有理查德·克拉夫特·埃宾等先锋人物）发现了隐藏在社会与人之间的"压抑的领域"。

还有，弗洛伊德的目光敏锐之处在于，他主张，既然每个人都"出生"的话，民族、国家和社会也有"出生"这一概念。因此，一定形成一种"出生妄想"，为民族、国家和社会提供各种各样的前意识和潜意识。

这一观点引人入胜。世界上的创世神话和建国神话就是这样的。弗洛伊德说，这也成了新的国家的神话。言之有理。弗洛伊德的这一思想体现在他晚年的最后一部著作《摩西和一神教》中。

弗洛伊德的主张,让我们意识到了个人和社会都潜藏着"内在黑暗"。在一定意义上,这是一个冲击。他在提醒我们,社会进化的深处是由于各种压抑在起作用。这是一个重大发现。

但是,这一观点把压抑和停滞的所有原因都归于"看不见的东西",这一点具有其局限性。在现实社会中有许多贫困、犯罪等"外在黑暗",仅仅用弗洛伊德的观点对从文明到欲望进行解释的话,未免有些牵强附会。

果然,曾经是弗洛伊德的友人后来与他分道扬镳的卡尔·荣格认为,意识和潜意识是不能放在一起来看的,相对于个人潜意识,存在着"集体潜意识"。其中,不仅有被压抑的欲望,还存在着原型(Archetype、Prototype)。这一原型是集体潜意识中的形象总汇,有可能形成于人类大脑的进化和使用语言的过程中。

荣格认为"心灵深处"存在着可以肯定的领域。与此同时,心理现象不仅可以作为"个人心理"来解释,还应该作为"类的心理"来研究。

此外,心理学家埃里希·弗罗姆认为,弗洛伊德的"压抑"观点与马克思的"疏远"概念有相通之处,应该把马克思和弗洛伊德相结合起来,思考新的自由的问题。

存在与时间和判断中止
——现象学的出现

我对心理学研究得不算透彻。从学生时代到四十几岁，心理学都不是我喜欢的学科。我对心理学所挑战的"心"这一领域比较关注，却对以此去规定人的意识或性向感到某种抵触。只从"心理"的角度，真的就能把什么都解释清楚吗？我曾抱有这样的疑问。

特别是，在20世纪后半叶的精神病理学领域，将许多心灵的扭曲立即诊断为精神病。我对此很反感。难道所有的心灵的扭曲都可以被看作"心的病"吗？这让我感到费解。因为本来心理这一内在现象是在"被压抑的意识"这一观点的基础上被发现的，那么，这样被发现的心理，对每个人来说，都应该是受到压抑而扭曲的。

正因为心理的领域发生扭曲，才是"心"。这就是弗洛伊德的发现。至于说某个人的心理扭曲，按照其扭曲的程度都加上症状名称的话，就太过分了。今天，就连异常犯罪也会因精神鉴定的结果而被贴上免罪符，就是当初的精神病理学思想的残余。我认为，早期的心理学的意图并非在此。

因此，把什么都回归到"心理"是需要考虑到各种应该保留的东西。那么，不是仅靠心理学和精神分析学，还需要用其他方法来窥视人的意识。

于是，出现了研究意识的非心理学观点，那就是埃德蒙德·胡塞尔的"现象学"。

胡塞尔出生于奥地利。1906 年任哥廷根大学教授，1916 年起在弗莱堡大学任教授。胡塞尔最初发表的是《逻辑研究》，他认为，人内在的东西不仅是心理，其内在意识在流动过程中一定存在着逻辑，而且一定有记述这一逻辑方法。

胡塞尔所说的逻辑不是一般的逻辑。因为这种逻辑可能在人的意识和直观的过程中发生作用，所以，胡塞尔将其与普通的逻辑区别开来，称为"超越的逻辑"。

后来，在著作《纯粹现象学和现象学哲学的观念》中，胡塞尔主张超越的逻辑总是有"确信"在不断地发生作用。而且将这一神秘的"确信"加上引号，来强调对世界与自己的关系进行观察的方法。

这一"确信"，在哲学用语中叫"一般定立"。一般定立也要加上引号，也就是保留，也称作"判断中止"。

可是，胡塞尔推理说，即使给这个"确信"加上引号，还是有保留。他想方设法将其中保留的东西抽取出来进行思考。他把这样的方法叫作"现象学的还原"。这就是"现象学"的诞生。

意识不是像前意识和潜意识那样被塞入心理深处的，而是反映了人与世界的关系。然而，其反映方法中有"确信"，因此，暂时加上引号。而且，如果有了描述引号周围的方法，就不一定从人的主观（本我和自我）中仅仅抽出压抑的意识了。

胡塞尔把这种意识称为"超越论的主观性"，并在晚年提出，这种意识产生于日常生活中，并且作为"相互主观性"，是跟自己与他人的关系相对照而产生的。虽然晦涩难解的哲学词汇接连出现，我还是继续讲下去。

在弗莱堡大学师从胡塞尔的，是被称为黑森林哲人的马丁·海德格尔。

海德格尔有一本高深的著作，叫《存在与时间》。他关注根据胡塞尔发现的"现象学的还原"，认为这才是"存在"本身的本质。这听起来有些难。难是难，我们可以这样去理解。

首先，说是"存在"，我们每个人都一定会"死"。死的时候，不管是谁，都要跟家人、恋人、社会、财产永别。也就是说，只能一个人去死。不仅是死的时候，活的时候也是一个人。别人不可能一直在场陪伴当见证人。这种以"一个人"为单位主宰生与死这两端的，就是海德格尔所说的"存在"。

那么，这样的存在就要象征性地从属于生与死这两端之间的"时间"。然而，时间本来是存在于人之"外"的。因为自宇宙发生大爆炸以来，时间就在流动，在地球每时每分每秒的转动中就有时间的存在。

我换一个话题。"星博士"野尻抱影先生90岁时，我曾经见过他。当时，我非常想见他。野尻先生询问我的年龄，我回答说:"32岁。"他说:"还是动物呢。"接着又说,"人是要过了五六十岁,才能成为人的。在那以前,你会经常想起来我的这句话。"他说完,就用瘦弱的脚踩了踩地板。

接着,他问我:"你知道现在发生了什么吗?"当然不知道。他说:"现在,就在我的脚下,地球在转动。你以后要时常想起来啊。"

我好像被敲了当头一棒。那以后,我变怪了。自己站在转动的地球之上,这样的想法是罕见的。但是实际上正是如此。也就是说,人是活在本来就在自转的地球所创造出的时间的一段中,而且是走向死亡的。

因此,虽然说无论任何存在都是与时间同步的,但其时间的全过程并不属于"我"。人无法体验自己的死,(也无法体验别人的死),"我"只属于世界小小的一部分。"我"只不过是世界与时间的一部分而已。

我们置身于世界中
——海德格尔的实存主义

海德格尔究竟想要说什么？既然人连在生死的两端都没有感知到时间，又怎么会感知到存在呢？

这一设问是"存在是什么？"虽然这在今天不是什么特别的设问，可是在那时还没有这样提出存在这一问题的哲学。

存在，基本上就是"有我"。但是"我"是在出生以后过了一段时间后才产生自我意识的。离死亡越近，这个"我"也逐渐消失。那么，"有我"中的"有"是什么意思呢？"我"被包含在更加广义的"有"之中。可是说是"有"，什么都是有的，只询问或抽出这种"有"的感觉，是很难的。

我们回顾一下欧洲的近代哲学，其出发点是笛卡尔的"我思故我在"。因此，一般来说"有"就是指"我"在的意思。"我"属于"主观"（精神、意识、自己），剩下的就作为"客观"（客体、对象、物质的现象）被分离在外侧。换而言之，"心"与"物"是被分开的。这种想法被称为笛卡尔的"二元论"或"二分法"(dichotomy),后来成为欧洲"近代自我"的来源。

但是海德格尔认为,这样理解"有"是不正确的,像笛卡尔所说的有"我"才有世界的说法十分傲慢,或者是在什么地方发生了同义反复。

一般认为,我们在出生时和在死亡时这两端,是跟宇宙和地球的时间相连在一起的。但"我"不是仅属于这样的地方,还在其他各种凹凸起伏的地方。海德格尔认为,只能去面对这种"存在"和"时间"。

他把这样面对存在和时间的人称为"实存"(existence)(也叫"现存在")。也就是说,我们是从"有"走向"我"的。后来,萨特等人发展了"实存主义"这一概念。实存一词借用了中世经院哲学中区别于"本质存在"与"事实存在"的词汇。

实存或者实存主义是什么呢?

比如说杯子,本来是用它装水喝的,用手拿的。不仅杯子、建筑、铁道、铅笔等都具有各自本来的特定用途。然而,人的存在没有事先被规定具有特定用途的本质。没有准备。

有的人只是作为动物的人,只有生命。如果放手不管,人就会像动物一样只基于本能而活着。但是,人与动物是有区别的。人有语言、工具、意识,形成了社会。那么,人生来就知道语言是什么、社会是什么吗?几乎什么都不知道。出生以后,如果没有一定的人生阅历、不经过学习的话,是不会理解的。

那么，我们应该只探求我们背后的存在。而且，把探求到这种存在的观点看作"实存"，就产生了实存主义的观点。

关于杯子的本质，谁都能马上回答出来。但是，有关人的本质，其刚开始存在的时候几乎什么都不是。人刚开始是好像既没有语言也没有意识的婴儿。因此，需要在后天注入各种信息和概念。然而，在其存在的最终阶段，即"死"的时候也什么都不是。这种赤裸裸的存在就是实存。后来，萨特将此明确地解释为"实存先行于本质"。

即使如此，这种思想跟19世纪后半叶的社会达尔文主义所提供的"社会和人是进步的"这一思想相比，有很大的不同；跟马克思所提出的人的意识和存在被疏远这一见解相比，也有区别。

后来，海德格尔发展了自己的思想，认为人的实存本来就应该被看作是"世界—内—存在"。哲学家的语言表达总是晦涩的。简单地说，海德格尔是说"我们不能了解自己的全部""我们不能走出世界""我们置身于这样的世界之中"。海德格尔把这种人与世界的理想状态叫作"未实现"。这是耐人寻味的词汇。

上述说法跟胡塞尔主张的"现象学的还原"有相通的部分。这与通过感知意识中的加引号部分，而去发现隐藏在其中的内在现象这一手法有相似之处。还有，胡塞尔还提出了"超越论的主观性"，其视点也在于实存的意识。这种实存的意识不是孕育在笛卡尔所说的自我中，也不是孕育在斯宾塞式的进化精神中，而是在自己与他人之"距离"的交流中。

将自己和他人结合在一起的"了解"的方法
——雅斯贝尔斯的实存哲学

将弗洛伊德和海德格尔的思想进一步发展的,是卡尔·雅斯贝尔斯。他在海德堡大学教书,后来因是犹太人而遭到纳粹的迫害。雅斯贝尔斯的哲学被称为实存哲学、了解心理学或是新精神医学,其特色在于没有将"方法"与"心理"区分开来。

这是什么意思呢?我们总是试图理解各种事物,但如果仔细观察自己的行为,就会发现自己的心是同他人的心有关联的。那样的话,一定存在某种连接的方法,并能够以此建立相互的"了解"。

雅斯贝尔斯把这一了解的母体看作是实存的根据。但是,这样去看待了解的话,有些漫不经心,从而难以发现连接的方法。于是,雅斯贝尔斯认为,人是为了实际获得这样的感受,而让自己进入一种极限状态或危机状态的。

这是近似于生和死等只靠理性则无法感知到的状态。仿佛故意让自己垂直降落，并在极限状态或危机状态下自觉。就是这样的哲学。

有了这种发现的雅斯贝尔斯由此开始关注的是，在古代，世界各地几乎同一个时期（公元前8世纪到6世纪）出现了佛陀、以赛亚第二、苏格拉底、琐罗亚斯德、老子、孔子，他们分别主张"觉醒"和"醒悟"。在这一时期（时代），围绕根本的存在，人的思索和行为达到了"了解"，并由此产生了方法的萌芽。

这就是雅斯贝尔斯主张的"轴心时代"这一观点。轴心是指将同一个时代切成圆片状时的圆心。

胡塞尔、海德格尔、萨特、雅斯贝尔斯都提倡不以自我为中心的世界观。不以自我为中心，是指自我和世界不是分开的而是连在一起的。世界和社会的扭曲同样也成为自己的问题。也就是说，世界和社会的扭曲中有"我"的存在。社会向"我"所要求的偏离中心也是"我"。

这种哲学乍一看好像是与一直在思考中的意识进行着斗争，其实并非如此。而是针对社会、国家、世界的表述。因此，出现过"世界—内—存在"的说法。

虽然哲学家的话确实不容易理解，但他们指出的"世界"与"我"在本质上的变化是说中了要害的，应该引起关注。哲学家的"概念"（范畴）是经过全面推敲的，所以值得参考。即使如此，哲学思想并不是只有用晦涩的词汇才能表达的，用绘画、文学、音乐也都可以表现，而且是完全可能的。

接下来，在凡尔赛体系和魏玛共和国的现实中出现的绘画风格是，瓦西里·康定斯基、爱德华·蒙克、乔治·格罗兹的"表现主义"和"构成主义"。还有，弗兰兹·卡夫卡和保罗·托马斯·曼的文学、以柏林为中心传播开来的"文艺卡巴莱"、罗伯特·威恩导演的《卡里加里博士的小屋》等电影作品。其中，卡夫卡的作品巧妙暗示了20世纪的"世界"与"我"的关系。

将"与世界的关系"文学化
——卡夫卡的《变形记》

卡夫卡是捷克人而不是德国人,他用德语写的作品在德语圈十分受欢迎。

卡夫卡生于1882年,1924年因患肺结核去世。其作品的大部分是在他死后由友人马克斯·布洛德编辑出版的,而他生前几乎不为人知。然而,在他的作品中描写的正是当时的德国所面临的"与世界的关系"这一问题。

在《变形记》中,一天早上,格里高尔·萨姆沙醒来以后发现自己变成了一只巨大的毒虫。他完全不知道自己究竟为什么会变成这个样子。没办法,萨姆沙只好躺在床上,当他的家人们发现他变形后大惊失色。妹妹虽然吃惊却照顾他,可父亲却向他扔苹果。最后,妹妹也不再照看他了,萨姆沙死了。全家人如释重负,一起外出度假去了。

卡夫卡没有解释格里高尔·萨姆沙为什么会变形,有意地只讲述了奇特的现象。而在《审判》的开头,主人公约瑟夫·K突然被逮捕，却不知道理由。总之他想不出自己有过任何过失，却要受到审判。他甚至连法院在哪里都不知道。既然被逮捕了，K就要想方设法证明自己是无辜的，既没有明确的罪状，也没有人能证明他无罪。他的一切努力均属徒劳。最后，K被宣判为有罪，在采石场被人用刀切断了喉咙，死掉了。这就是《审判》。

卡夫卡所描写的是用"我"和"与世界的关系"所无法解释的。他还说，连自己的事情都说不清楚。这里存在着某种"变化"，却未必具有社会性的意义。岂止如此，虽然有自己的实存，但除此以外却什么都没有。

不对，卡夫卡稍微暗示了一些"与世界的关系"。在作品《城堡》中，土地测量员K应聘到某座城堡做测量工作。但是到达目的地以后，却只见浓雾弥漫的村落，并没有什么城堡。他向周围的人询问，大家说城堡好像是有的。也就是说，这个城堡指的就是"世界"啊。但是，从自己所处的位置就是无法接近。尽管听到很多传闻，城堡却可望而不可即。文库版日文译本长达552页，一直到故事结束，什么事情都没有发生。

这要表现什么呢？卡夫卡写的是，也许一切的"理由"和"变化"都是无法说明的。至于什么是对社会有用的等等，没有一个人能够解释清楚。卡夫卡的文学经常被说成是"不合情理的文学"，其实并非如此。他既没有说合情理，也没有说不合情理。

说起实存，就仿佛只有实存在彷徨。读了卡夫卡的作品以后，读者会认为在现实生活中，在起承转结中，有着各种各样的"与世界的关系"，而卡夫卡却不把这些全部写出来，这未免让人感到不安。

这样的方法可行吗？对卡夫卡来说，是可行的。而且，这恰好涉及了从黑格尔到海德格尔的哲学思想，是德国式"与世界的关系"的文学化。

　　站在卡夫卡的立场来说，哲学家和文学家的写作目的不再只是为了强调自己的主张，而是为了让读者感受到什么才写的。作者是为此而存在的。这就是变化。

　　这既是在保罗·托马斯·曼的小说《魔山》中，主人公汉斯·卡斯托普所面临的"变化"，又是贝托尔特·布莱希特在《三文钱的歌剧》中所展现的"异化"方法。

追求脱中心・多中心
——20世纪德国的思想力和表现力

我再接着讲德国。

魏玛文化表面上是阳性的。本来是要以此改变大战后德国过于黑暗的空气，也是不得已的。然而，却是充满虚饰的"短暂"，是不长久的。许多德国知识分子都看穿了这一点。其中一人是叫费历克斯·韦尔（Felix Weil）的实业家。

费历克斯·韦尔是富商的儿子。他9岁进歌德学校，后来毕业于法兰克福大学。他希望对大学有所贡献，便提供基金援助研究，还跟友人麦克斯·霍克海默一起创办了社会调查研究所。首任所长是卡尔·格律恩堡（Carl Grünberg），后来由麦克斯·霍克海默继任。在这里，狄奥多·阿多诺、赫伯特·马尔库塞、恩斯特·布洛赫、瓦尔特·本杰明、魏复古、尤尔根·哈贝马斯等人相继以非凡的哲学表现力受到瞩目。

总称为"法兰克福学派"。这些人物的姓名令人感到陌生，却体现出一种时代潮流。

犹太人麦克斯·霍克海默将马克思主义应用于一般哲学，写下了《理性的腐蚀》一书。这是非常精彩的题目。霍克海默在书中对引导了法国大革命的启蒙思想进行了批判，指出聚光全体民众的做法反倒使周围变得黑暗。

启蒙主义的启蒙是"Enlightenment"，意为照耀。但是，不管启蒙之光如何照射，一定会出现阴影。因此，只顾照亮是不够的。麦克斯·霍克海默就是这样说的。这个观点在今天仍然令人深思。

接着，狄奥多·阿多诺写了《否定辩证法》一书，是在黑格尔以来的辩证法的"正、反、合"的"合"处，主张"生成"这一概念，却说这一生成只能成为空虚的东西。为什么呢？是因为它是"试图拥有中心的身体"。狄奥多·阿多诺解释说："试图拥有中心的社会将面临崩溃。"他这样的观点是史无前例的，因而显示出强烈的影响力。

他们没有把这些想法关在哲学的大门之内，而是向周围传播了。比如说，身为犹太人的阿诺德·勋伯格、安东·韦伯恩、阿尔班·贝尔格等作曲家们创作了被称为"无调音乐"的十二音技法。我认为，他们的"没有中心音的音乐"创意，是与狄奥多·阿多诺相通的。更加大胆的说法是，可以把它看成是"卡夫卡的音乐化"。因为卡夫卡也是没有中心的。

法兰克福学派中比较早就闻名于世的魏复古（卡尔·魏特夫）也是值得关注的。魏复古本来从事文学和演剧，前往中国研究中国社会史，发表了《中国社会和经济》（原书房）一文。

他认为，中国文明的起源在于，成功进行治水灌溉的王建立国家，并形成了"水力社会"，而水力社会又是一大工程，因此，总是由皇帝来建立并统治中华秩序。这样的中华秩序在中国封建王朝中起作用。即使如此，一旦其指向周边地区，就会作为"东洋专制主义"受到歪曲，等等。

其观点中值得关注的是，即使有人提倡"社会的进化"，但还是会受到国家压制的。马克思说，因此，必须通过阶级斗争来进行社会革新，建立无产阶级专政，在此基础上，必须废除原有的国家。魏复古则认为，在事态发展到那一阶段之前，在某一局部会发生有利于社会进步的革新，继而，国家会将其吞噬，又逐渐产生更大的矛盾。

这一预言应验了。在苏联，虽然列宁领导的俄国革命建立了类似的无产阶级专政，后来却被斯大林的国家社会主义吞噬掉了。魏复古认为，文明和社会应该不断形成"多中心"。

到这里我带着各位一起浏览了德国的思想力和表现力，以下五点是我要强调的。

第一，近代社会侵犯了人的"心理"这一领域。

第二，每一个"我"都不能完全理解或了解整个世界。既然如此，就应该从不完全理解世界的"存在"和"实存"的视点出发，而面对各种各样的"现象"。

第三，对此进行确认的方法是多样的，哲学、文学、美术、音乐多个领域都可以。相互记谱式编辑也是可以尝试的。可是，正如卡夫卡和布莱希特一样，其表现形式或手法完全不同于原来的文学和戏剧。

第四，不管是世界、社会，还是"我"，都不应该轻易地拥有"中心"。否则,中心和中心之间就会开始相互憎恶、相互争斗。格里高尔·萨姆沙最后的形象非常可悲,但是,他因此得以从家庭和社会的中心"脱自(ecstasy)"出来了。

第五,在存在和意识中,有许多与其纠缠在一起的夹杂物,正如套了一件"衬衫"一样。因为一些夹杂物是存在本来并没有要纠缠的愿望却纠缠在一起的。需要将这样的"衬衫"脱掉。那么,就必须首先将本来夹在空间和时间之内"我",从自己的场排除出去。

可以说,这些是关于象征 20 世纪欧洲阴森黑暗的社会氛围的思索。而社会达尔文主义确信明天会进步,这是行不通的。

这种观点当然不仅在德国,在法国、英国、美国,甚至在日本也开始萌芽了。

特别是,在虽为胜利国却因第一次世界大战遭受重大打击的法国,涌现出以野兽派、立体主义、超现实主义、纯粹主义为首的许多试验性的表现方法,潜意识的领域已不再是被压抑的了,而是成为表现艺术的宠儿、文学和艺术的表率。

许多前所未有的人物形象也出现了。比如,萨特的《恶心》中的主人公罗康丹。罗康丹是一个青年,没有任何理由,一见到咖啡店的店员或是道旁的欧洲七叶树的根就恶心得想吐。

阿尔贝·加缪的《局外人》(又译《异邦人》)中的默尔索是没有任何理由就杀人的青年。赫尔曼·黑塞的《德米安》的主人公德米安是被"阴暗"所吸引的。而奥斯卡·王尔德的《道林·格雷的肖像》中的主人公则为自己的变态而陶醉。然而，到了詹姆斯·乔伊斯的《尤利西斯》中的主人公斯蒂芬·迪达勒斯，则是仅用一天的时间就把"世界"消耗掉了。这些人物形象的行为不具有什么"自由、平等、博爱"的目的。正如后来萨缪尔·贝克特在《等待戈多》中所预示的一样，人们所期待的既不是上帝再次降临也不是新世界的到来。

也就是说，在社会发生的新事物，并不会改变存在内涵的一丝一毫。

就这样，欧洲近代社会所梦想的所谓"社会进步"，至少在哲学和文学中是与世界大战一起不堪一击地破灭了。

也许不仅仅是小说和戏剧中的主人公，在现实中，也有许多人漫无目的地度过自己的人生。后来科林·威尔逊从这样的群像中，把因"阿拉伯的劳伦斯"闻名的托马斯·爱德华·劳伦斯、跟达基列夫一起将俄国芭蕾舞传入欧洲的瓦斯拉夫·弗米契·尼金斯基等，定位为《局外人》。

虽然这些人物当初是局外人，但是在那以后的20世纪的历史潮流中，他们都不再是局外人了。即使如此，大国还是一定要把我们的所作所为跟"社会进步""获得自由""文明发展"联系在一起来理论。接下来，我必须讲清楚"错处"到底在哪里。

第10讲 『英国的错误』和『日本的失败』

中东在哪里？

在上一讲中，我们一起追溯了从马克思、达尔文，到海德格尔、卡夫卡等，至20世纪前半叶的一部分思想和艺术动向。这些是不能与国际形势以及政治经济动向分开而论的。

反过来，把思想和艺术与咖啡、技术、时装的动向分开而谈，也是有些片面的。无论什么事物都有历史的脉动。

另一方面，如果仅仅着眼于主流而谈论世界，就会感到模糊不清。尤其是只用列强或大国的目光看历史就很危险。最好尽量把目光投向世界各地的各种动向。遗憾的是，本书各讲受篇幅所限，无法囊括地球上的所有地区。这里，我希望通过阐述始于奥斯曼帝国的"中东社会"，能让各位想象到现代社会也如同各种巨大齿轮在互相咬合、互相作用。

在当今的世界形势中，中东问题显然是不可或缺的。例如，两伊战争、巴勒斯坦问题、海湾战争、"9·11"恐怖袭击事件、伊斯兰社会的什叶派和逊尼派的争斗、塔利班和"伊斯兰国"（IS）、库尔德人动向等。

本来，"中东"这个称谓在20世纪后半叶国际政治学中只不过是地区概念。从这一观点来看，中东的西部包括从摩洛哥到撒哈拉，东部指土耳其、阿富汗和伊朗。第一次世界大战期间，最初，英国把奥斯曼帝国统治的地区称为"近东"、把伊朗和阿富汗称为"中东"、把东亚称为"远东"。后来，把从西亚到北非合称为"中近东"。最后，在第二次世界大战的军事用语中多次出现了"中东"这一词汇。

所谓"中东"，自古以来是面积巨大的干燥地带，覆盖了撒哈拉沙漠、利比亚沙漠、沙特阿拉伯半岛的两个沙漠、叙利亚沙漠、伊朗的卡维尔盐漠等十多处沙漠，且散布着热沙和绿洲。虽然有尼尔河、底格里斯河和幼发拉底河等大河流过，但是这些大河流域以外的地区缺乏水资源，如果不修建人工坎儿井（暗渠），人们便无法生活。

因此，游牧民们把这样的水脉坎儿井与骆驼的路线结合在一起。骆驼商队一边在有坎儿井的地方扎营，一边移动。中东就是这样的地方。

7世纪中叶，穆哈默德好像彗星一样突然登上历史舞台，中东由此发生了巨大转变。在许多沙漠地区，游牧民、半农半牧民、商人都开始遵从"伊斯兰的教诲"。其中大部分建立了伊斯兰国家，产生了哈里发和苏丹，以阿拉伯人为首的许多民族和部族开始在这里居住。

伊斯兰的教诲讴歌认主学（即一神论），把亚伯拉罕、摩西、耶稣、穆哈默德穿成了一条线，具有强大的影响力。又渐渐把诸民族、诸部族团结在了一起。如此这般,把从《旧约圣书》到《古兰经》连在了一起。

这很快就反映在人们所使用的语言方面。最早在中东使用的语言主要是作为商业语言的阿拉姆语。后来,作为宗教语言的阿拉伯语逐渐开始占优势。在这样的历史背景下,伊斯兰社会至今仍然重视语言、文字和读音。伊斯兰人大都擅长雄辩。毕竟与其他的古代宗教不同,伊斯兰教从最初就是"拥有文字的世界宗教"。今天,据说能够正确地背诵《古兰经》的人有近 100 万人。而在日本,会念佛经的人又有多少呢?

伊斯兰社会还是非常重视人际关系网络的社会。否则的话,各部落因各自处于相互距离甚远的干燥地区而受到孤立。因此,出现了巴扎和苏克等市场,又开设了浴场。接着,在各地建立了好像要塞一样的军事城市。埃及的开罗和伊拉克的巴士拉就是这样的军事城市。

穿越国家和沙漠的队商
——伊斯兰教的传播

在辽阔的中东地区,伊斯兰教能以破竹之势传播开来,当然说明了其对生长在这一风土中的民众来说,具有强大的吸引力。

现在,伊斯兰教徒(穆斯林)超过了 10 亿人。他们都居住在哪里呢?在中东阿拉伯地区有 3000 万人,在伊朗等非阿拉伯地区有 8000 万人,在非洲各国有 1 亿 3000 万人。那么,穆斯林最多的国家是哪里呢?答案是印度尼西亚。2 亿人口中,九成是穆斯林。21 世纪,这些国家都是值得关注的。

穆斯林之所以遍及世界各地,是源于最初在中东地区相继建立的被称为"乌玛"的伊斯兰共同体。所有的伊斯兰社会都是由乌玛组成的。

乌玛的规则本来就适合干燥的自然环境,一切都十分明快,有条有理,不冗长烦琐。在日常生活中只要有《古兰经》就行,只要遵守戒律就不会受到歧视。这都是叫乌玛的宗教共同体在发挥作用,有一种力量把犹太教徒和基督教徒一视同仁,看作"有经者"。

本来,"安拉"(Allah)这一对神的称呼,在阿拉伯语中意为神明的"ilah"一词的前面加上定冠词"al",就好像英文的"The God",日文的"神"一样的感觉。所有的神都包括在安拉之内。

穆哈默德确立了宗教霸权,果敢地迁移到麦地那并征服麦加(圣地)等所谓"希吉拉"(圣迁)。在此基础上,形成了伊斯兰圈扩张的模式。希吉拉即"移住",意为"建立新的人际关系和社会关系",因此,可以看成伊斯兰的"亡命贵族(emigre)"。他们进入社会各处,并在那里建立乌玛。因此,说伊斯兰的教义具有排他性,是错误的。

比如说,犹太教徒只要缴纳吉兹亚(人头税),就被允许在伊斯兰国家中信仰犹太教。这是跟砸碎佛像的中世印度教等具有排他性的宗教所不同的。例外也有。在中世,伊斯兰入侵印度时破坏了佛像和寺院;最近,塔利班和"伊斯兰国"(IS)炸毁了巴米扬的大佛、伊拉克和叙利亚的基督教会等文化遗产。但是,这些是违反伊斯兰法的。还有一点重要的是,穆哈默德对所到之处的村落实行免税。因这一措施,越来越多的村落被伊斯兰化了。

本来就有许多穆斯林是商队,颇具商人素质。因此,"信仰、经济、共生"结合得近乎完美。特别是在乌玛有"扎卡特"(天课,意为"慈善施舍")的义务,经济行为是与信仰行为直接相关的。还有,由于"瓦合甫"这一捐献财产的行为,使得在各地修建大型公共设施变得更加容易。

关于伊斯兰社会，我几乎是门外汉。这十二三年，我读了三百多本相关书籍，通过在世界宗教者和平会议上讲演、跟穆斯林代表交谈，逐渐理解了伊斯兰社会的魅力。

在中东建立起强大帝国社会的是两个强大的伊斯兰帝国。一个是阿拔斯王朝帝国，另一个是后来统治拜占庭帝国的奥斯曼帝国。

在中东的东面，因为蒙古帝国、帖木儿帝国、印度的莫卧儿帝国的存在，一段时期，可以说，除了欧洲以外的大部分欧亚大陆被建成大伊斯兰帝国群，并受其影响。

从中世纪到近代，在中东，苏莱曼大帝将奥斯曼帝国的版图扩张到有史以来最大面积。有关奥斯曼帝国，我在本书中已经大致讲解过。在东方卷第2讲中，将咖啡传入欧洲的就是这个帝国。

奥斯曼帝国虽然以奥斯曼土耳其为母体，却不单纯是只有土耳其人的民族国家，而是一个被称为伊斯兰帝国的宗教帝国。奥斯曼帝国组织了叫"耶尼切里军团"的强大军队。每40户出一个少年，从小接受军事训练。有关耶尼切里军团，在新井白石采访意大利传教士约翰·巴提斯塔·西多契而写的《西洋纪闻》中有所介绍。我最初没能理解其意图，后来才悟出原来能从中窥视到奥斯曼帝国的军事实力。

英国引起的中东大混乱
——多个秘密协定与背叛

对欧洲列强来说，奥斯曼帝国如眼中钉一般，要想方设法将奥斯曼粉碎。于是，列强通过提出国民国家这一概念，对其进行分裂。不管克里米亚战争，还是英国的3C包围政策，都是"分裂奥斯曼计划"。

就这样，一锤定音的时机到了。在第一次世界大战中，奥斯曼土耳其与德国联手却失利，帝国被四分五裂。

那以后在中东发生的变化，为我们思考今天的中东问题和阿拉伯世界提供了重要的"反面教材"。如果不了解这段历史，就不会理解巴勒斯坦问题或海湾战争、萨达姆·侯赛因被处死的意义，还有"伊斯兰国"（IS）的残酷暴虐。

首先，我要说的是，大战后的比较重要的脚本几乎都是由英国编写出来的。英国在大战中，趁着由青年土耳其党等引发的土耳其（奥斯曼帝国）混乱之机，利用了阿拉伯人的反土耳其情绪。

英国在大战刚刚结束时承诺说"支援为了阿拉伯人的国家独立",把阿拉伯社会的名门哈希姆家族的侯赛因(麦加大谢里夫,意为"圣裔")及其两个儿子阿卜杜拉·伊本·侯赛因和费萨尔·伊本·侯赛因一手培养成反土耳其军的领袖。当时,被开罗的英国陆军情报局派来为侯赛因当军事顾问的是"阿拉伯的劳伦斯",也就是托马斯·爱德华·劳伦斯。

年轻的劳伦斯本来是考古学家。他因谙熟阿拉伯人的风俗习惯和行动模式,多次在沙漠中偷袭成功,从背后对奥斯曼帝国构成了威胁。众所周知,1962年出品的电影《阿拉伯的劳伦斯》由英国导演大卫·利恩执导、彼得·奥图饰演主角。(这是我喜爱的电影,大概看过七遍。)

劳伦斯跟贝都因人等阿拉伯部族们一起骑着骆驼和马袭击大马士革。那里是在奥斯曼帝国统治下的叙利亚首都,是要冲之地。

但是,英国在《凡尔赛和约》以后并没有履行承诺。劳伦斯无法忍受良心的谴责,试图提拔侯赛因的两个儿子,把阿卜杜拉·伊本·侯赛因推举为约旦国王,把费萨尔·伊本·侯赛因推举为伊拉克国王。这是电影的最后场面。即使如此,劳伦斯却在失意中被摩托车撞死。

劳伦斯将时代的各种矛盾集于一身,把生死赌注下在了沙漠和摩托车上。这就是科林·威尔逊把劳伦斯列入《局外人》排行榜的理由。

实际上又如何呢?在幕后却进行着不可告人的阴谋交易。劳伦斯遭到了英国的出卖。

究竟英国搞的是什么名堂呢?

在第一次世界大战中,从1915年开始,英国驻埃及高级专员亨利·麦克马洪同麦加大谢里夫侯赛因·本·阿里曾经有过五次秘密通信。内容是在大战后英国如何支援阿拉伯人的国家建设。这被称为"麦克马洪·侯赛因通信"。但与此同时,英国的中东专家马克·赛克斯和法国外交官弗朗索瓦·皮科,与俄国商议制定了如下秘密协定的草案。

英国获得叙利亚南部和美索不达米亚南部(现伊拉克的大部分地区)。法国获得叙利亚的主要部分、安那托利亚南部和伊拉克的摩苏尔地区。俄国获得伊斯坦布尔、达达尼尔海峡和博斯普鲁斯海峡的两岸地区、安那托利亚东部。这就是臭名昭著的《赛克斯·皮科协定》,是大国政府之间的私下交易。

而且英国用花言巧语发表声明,涉及另一个与阿拉伯社会的未来息息相关的犹太人命运。这就是"贝尔福宣言"。英国外务大臣贝尔福在写给犹太富翁罗斯柴尔德的信中承诺为巴勒斯坦建立民族之家,也就是建立所谓"为了犹太人的犹太国家"。这是不负责任的公开保证。不仅是不负责任,更是信口开河、不着边际。

犹太人渴望建立自己的民族之家,这是理所当然的夙愿。是作为离散民的犹太人多年的愿望。

特别是,西奥多·赫茨尔提倡"锡安主义"(译为"犹太复国主义",即实现重建"犹太家园"的誓言),表达了这一强烈愿望。这是无可厚非的。但是,却不应该是由英国信口承诺的。

而是更加郑重其事的、作为摩西以来的"应许之地"的"犹太国家"。

然而，英国在贝尔福宣言中公开保证的却不是这样，而是1918年10月30日奥斯曼帝国投降后由英国来占领并统治，1922年利用国际联盟制定的委任统治制度对巴勒斯坦进行委任统治。

这种事不管是阿拉伯人还是犹太人都不答应。阿拉伯人要求撤销贝尔福宣言，犹太人则擅自建立犹太机关，而英国却没有应对。

贝尔福宣言和赛克斯·皮科协定的内容显然是相互矛盾的。而英国却这样厚颜无耻地发表了。这被叫作"两片舌外交"。不仅是两片舌。我在《千夜千册》中介绍大卫·格罗斯曼的著作《犹太国家的巴勒斯坦人》（晶文社）时，就说过："这是英国的三片舌。"

说三片舌，是指利用赛克斯·皮科协定由英法来界定中东，利用贝尔福宣言对巴勒斯坦进行委任统治，以后，犹太人大量移民巴勒斯坦，这成为后来巴勒斯坦问题的原点，而且"阿拉伯的劳伦斯"的热情遭到出卖。（到此是两片半舌）。接着，在第二次世界大战后放弃对以色列的建国支援，而把以色列的未来拱手交给联合国。

美国在中东种下的祸根
——石油动摇世界

如此这般，在第一次世界大战后的《凡尔赛条约》下，作为战胜国的英国和法国擅自对中东进行了界定。法国统治了叙利亚和黎巴嫩，英国统治了约旦、巴勒斯坦和伊拉克。这已经不是从前的殖民地了，也不是近代殖民地。时代变了。取而代之的是"由国际联盟实行的委任统治"。

这就是居心叵测。貌似好，实质上却不好。

现在也如此，在20世纪，国际联盟和联合国一直打着"全球标准"这一旗号。既然使用这一旗号，就可以说在其幕后能进行有利可图的国际交易。各国都为了自国利益而竭尽全力地利用这一脚本。

这一手段不仅在第一次世界大战后，而且在第二次世界大战后，甚至今天都一直被大国利用着。海湾战争时，是等联合国决议后，美国才开始轰炸的，我至今仍然记忆犹新。日本的自卫队在波斯湾和印度洋供油，也需要经过联合国决议的批准。但是在许多情况下，在联合国批准的背后，明确地写着大国脚本。

把哈希姆家族侯赛因的两个儿子分别扶植为约旦和伊拉克的国王，这与劳伦斯的意图相悖，是为了从外部掌控生产石油的阿拉伯社会。

言归正传，我们来看看第一次世界大战后的中东局势。当时，库尔德人等也要求独立，英国对此也没有予以批准，用人为的国境线划出了"伊拉克"。

这跟在东方卷第 7 讲中介绍的瓜分非洲时所划定的国境线是同出一辙的。伊拉克这一国家是当时被建立起来的。在那以前是什么呢？伊拉克曾经是波斯，即以巴格达为都城的萨珊王朝和阿拔斯王朝的波斯。

这就不难看出英国不承认库尔德人独立的理由了。库尔德人居住在叫库尔德斯坦的山岳地带，人口约 2500 万，是"世界最大的少数民族"（最近达到 3000 万人），在中东是第四大民族，拥有民族国家也是理所当然的。然而，在奥斯曼时代这是无法实现的。于是，在第一次世界大战后，库尔德人期待实现独立。但是，被分割成了土耳其、伊拉克、伊朗这三个国家。英国紧紧盯住生产石油的库尔德斯坦摩苏尔地区，并把那里作为摩苏尔州划归伊拉克。

这是后患无穷的。在土耳其看来，占国民二成的库尔德人难以对付。对伊拉克来说，也是很麻烦的。在后来的两伊战争中，库尔德人站在了伊朗一方，是跟后来伊拉克加强了库尔德人对策有关。在此背景下，50 万库尔德人因害怕萨达姆·侯赛因的报复而移居到了国境附近。这些库尔德人到了21世纪初，终于开始了行动，而跟叙利亚和"伊斯兰国"（IS）发生军事纠纷则是最近的事，在那以前，库尔德人一直受欺负。

就这样，阿拉伯伊斯兰社会反抗英国划定国境线，已经无法继续依赖列强了。联合国也靠不住，阿拉伯伊斯兰社会的问题只有靠阿拉伯的力量和伊斯兰的力量才能得以解决。

其中之一是与哈希姆家族相对立的沙地王朝的兴起，伊本·沙特在阿拉伯半岛建立了沙特阿拉伯王国。

当时，阿拉伯半岛被称为"不毛之地"，因此，连英国和法国也没有把这个国家的独立放在眼里。然而，竟然在波斯湾沿岸的达曼发现了巨大的油田。

因为英国和法国难以出手，所以，最早得知这一消息的美国立刻出手，并且马到成功。沙地王朝向阿拉伯·美国石油公司（Aramco、沙特阿美）出租石油开采权，转瞬之间成了世界上最富有的国家。现在沙特阿拉伯的可采原油为2600亿桶，占全世界可采石油的四分之一。但是，在这里种下了引起后来的伊斯兰原理主义过激派和美国之间决一死战的祸种。而主谋正是美国。

甘地的非暴力·不服从
——印度全民反英斗争

各种情况错综复杂，中东的话题就说到这里。我要补充的是，在亚洲也发生了"英国的犯罪"。

好像我在跟英国过不去，其实并非如此。我受父亲的影响，从小就是橄榄球迷，很喜欢英国人。我还喜欢英国绅士的派头，还曾一度痴迷于英国摇滚。

但是，英国在世界上进行的许多侵略模式是有问题的。要把这一点区分出来看。特别是对亚洲、中东、非洲，是很奇怪的。还有，英国是不愿意中途放弃统治的。因此，我把这种行径称作"英国的犯罪"。当然，"日本的犯罪"也是有的。而今天，"美国的犯罪"则知名度更高。从我上述的内容中，可以看出这一模式是由英国创造的。

接下来，我们把目光转向印度和越南。以此为例，可以看得出英国、日本、法国、美国的犯罪是以相互记谱的方式进行的。

如上所述，印度是在维多利亚女王的"不列颠治世"统治下的殖民地国家。即英领印度帝国。在印度，进入20世纪后，民众对英国的不满日益高涨，爆发了由"印度国民会议"领导的反英运动。

英国驻印度总督乔治·寇松有一个妙计，即鼓动印度教徒多的国民会议跟穆斯林（伊斯兰教徒）发生对立，转移反英运动的视线。为此，1905年故意颁布了"孟加拉分割令"。这一法令把孟加拉省一分为二，一边是印度教徒多的东部，另一边是穆斯林多的西部（当时穆斯林的西孟加拉后来成为东巴基斯坦，即孟加拉国）。

国民会议抗议这一分裂政策，于1906年召开加尔各答大会，呼吁抵制英国货、使用本国产品。这就是被称为"Swadeshi"（意为购买和使用印度制品 made and sold or used in India）的反英运动。于是，英国趁机组织了全印度穆斯林联盟，试图通过宗教对立来转移矛盾。

就在此时，第一次世界大战爆发了。英国想方设法拉拢印度一起参战，就许愿说战争胜利以后将承认自治权，要求印度派兵并提供资金。这一手段跟"阿拉伯的劳伦斯"时，英国给侯赛因的承诺是同出一辙的。到了战后，英国果然又出尔反尔。岂止如此，英国还通过了《罗拉特法案》，未经审判就有权将印度人逮捕入狱。

对此，站出来抗议的是曾在英国当律师的甘地。甘地领导非暴力不合作抵抗运动，呼吁全印度"罢工罢市"（关闭商店和巴扎）。1919年锡克教徒遭到英军枪击，以此为契机，甘地开始了反英斗争。

在英国企图瓦解奥斯曼土耳其的时候,甘地曾率先发起了抗议运动,被称为"哈里发运动"。即使如此,在运动中发生暴力事件的时候,甘地宣布停止运动。于是,1922年(大正十一年)运动戛然而止。这真是罕见的独立运动。

1929年(昭和三年),国民会议通过了争取印度独立的决议。为此,尼赫鲁、苏巴斯·钱德拉·鲍斯等人提出使用武力,但甘地还是没有答应。第二年,甘地为了反抗英国制定的制盐禁止法,带着79个弟子在炎炎烈日下步行300公里,出发后的第29天终于到达海岸,捞取海水提炼出23克盐。这就是"食盐进军"。这是只有甘地才能实现的、非常具有象征意义、具有极大冲击力的斗争。

印度人的长期独立运动由此开启了。详细内容请参考《甘地自传》(中公文库),这本书的解说是由我写的。

胡志明的游击战略
——从独立到越南战争

越南是我一直憧憬的国家。最初,我是被叫作交趾陶的陶器艺术所吸引,其光泽宛如月光一般。

越南在中国被称为"交趾"或"安南"。从11世纪至18世纪的国号为"大越"。13世纪,叫"喃字"的越南文字形成体系。后来,叫"阮朝"的王朝形成了好像德川时代一样的近世封建社会,建立了总称为"交趾支那"的社会经济文化,后来也还是被列强搞得四分五裂。对越南虎视眈眈的是法国。

18世纪,一位叫百多禄的法国传教士跟当时的阮朝开国君主嘉隆帝(阮福暎)关系密切,请求法国政府支援越南。而法国大革命时期的政府没有答应。这与第二帝政期的法国侵略交趾支那是相关的。当时柬埔寨也是法国的保护国。

接着,法国得知船无法在湄公河逆流而上,就盯上了通往华南的红河,希望通过从那里到北部湾的航线,实现东亚贸易。正值日本明治时代的中叶,法国吞并了老挝,建立了横跨老挝、柬埔寨、交趾支那的"印度支那联邦"。即所谓法属印度支那。简称为"法印"。

当然这不能算是"国家"。只不过是有一张法国"面貌"的、任法国为所欲为的"国家"。法国以此对抗维多利亚女王统治下的印度帝国,并出手缅甸。

后来,越南发生了几场民族主义暴动。其中演变成越南独立运动的是,在第二次世界大战中在北部湾沿岸的北坡村诞生的"越南独立同盟会"(简称"越盟")。

创立人是阮爱国,后更名为胡志明。他信奉社会主义,曾在苏联成立的共产国际组织中工作过。但是,胡志明不仅信仰社会主义,而且是出色的领袖、不屈不挠的革命家。他很快解放了北部湾高地的六省,并在三角地带建立游击战线,以此向法国、中国、日本、美国挑战。

胡志明的战略可谓棋高一着,令人震惊。

众所周知,在日中战争和太平洋战争期间,日军为获得资源而入侵法属印度支那,即所谓"日军南进作战"。中国军队和美军为了探知日军的动向,成立了与越南独立同盟会相对抗的"越南革命同盟",以进行间谍活动。

但这些人在国内却没有组织网。于是,中国和美国就让胡志明担任越南革命同盟的领袖。但是,胡志明却动了一下脑筋。先是接受中国的资金援助,在引起中国怀疑之后,转向美国。并跟美国情报协调局 COI(美国中央情报局 CIA 的前身)交涉,以营救从战斗机上坠落的美军士兵为交换条件,向美国要求武器援助。

后来,1945 年,日军全面入侵印度支那,迫使法国军队解除了军事武装。日本认为越南独立对自己更有利,就让保大帝发表了独立声明。这是要催生"冒牌国家"速成。就这样,陈仲金等保守派成立了新政府,胡志明却顺水推舟,抓住了日本赶走法国这一时机。

同年8月美国在日本投下两枚原子弹后,日本接受了《波茨坦公告》。胡志明得知了这一消息。按照波茨坦会议的方针,日本投降以后,越南的北纬16度线北侧由中国军队进驻,南侧则由以英国为中心的驻日盟军进驻。胡志明认为,越南独立同盟会应该趁各国进驻之前,一举掌握越南的权力。于是,他立即率兵占领了河内、顺化、西贡,并逼迫保大帝退位。

这就是著名的胡志明"八月革命",接着,他宣布成立"越南民主共和国"。

这是共产主义政权的诞生。当然,美国、法国、英国都不能保持沉默。同样作为共产主义国家的中国立场微妙,但在美法英看来,要在中国明确表态之前,采取行动。对列强来说,既有"顺从的国家",也有"不顺从的国家"。

于是,法国再次跳出来(被日军打败后复活了),进军河内,试图用武力说话,成立了莫名其妙的新"南圻自治共和国"。如同催生速成国家的竞争一样。

就这样,越南前途未卜。

特别是1949年在北京中华人民共和国诞生了,1950年发生了朝鲜战争,中苏之间出现了鸿沟(即"中苏论争")。美国、苏联、中国因对越南各有打算,而相互紧盯对方。胡志明不但没有了法国这一对手,而且在国内的反对派也没有了。

至于后来"越南南方民族解放阵线"(越共)是如何建立

的，胡志明的游击战术是如何运用于美国发动的越南战争中的，详细内容就割爱了。在越南的美军1964年是3万人，4年后增加到了54万人。坚决抵抗美军的是身经百战的将军武元甲。他开展了出奇制胜的游击战。在美军轰炸河内期间，越共是巧妙地击退美军，建立了越南社会主义共和国。这些都是20世纪亚洲历史中最富有戏剧性的片段。

有机会，请读一读武元甲写的《人民的战争、人民的军队》（中公文库）。他是在亚洲史上，继墨子之后第二位让我钦佩的军事家。布尔战争时的领袖保罗·克鲁格虽然十分出色，但是，勇敢地向大国挑战的战士们更加打动人心。如果是着迷于切·格瓦拉日记的读者，就一定会因武元甲而感动。

即使不读这一本，至少请回想一下弗朗西斯·科波拉的《现代启示录》。如上所述，这部电影是以约瑟夫·康拉德的小说《黑暗之心》为题材，把舞台从瓜分非洲时代的非洲改编成了越南战争时期的越南。约瑟夫·康拉德的原作中写的是"英国的犯罪"，在《现代启示录》中则成了"美国的犯罪"。

德国的两次经济崩溃与纳粹势力的抬头
——法西斯的道路

接下来,我们回顾一下第一次世界大战后的世界形势。

第一次世界大战后,世界到底发生了什么样的变化呢?一方面,世界渴望获得"和平",另一方面,德国、意大利和日本的法西斯让世界陷入了史无前例的大战状态。许多教科书上都是这样写的。也就是说:"第二次世界大战是法西斯三国和民主阵营的同盟国之间的对抗。"当然,从某个方面来看,这是有道理的。但是,在不同的时间点进行验证的话,结论就未必如此了。

如果从作为法西斯表明立场的时间来看,那么,意大利最早,是1919年,墨索里尼成立了"战斗的法西斯党"。以后,墨索里尼组织了叫"黑衫军"的武装力量,三年后发动公开军事政变"进军罗马",并夺取政权,就任内阁总理。

1928年强行终止议会制度,建立独裁政治,取缔其他一切政党和群众团体。这显而易见是法西斯。汽车制造公司菲亚特成了法西斯的军工厂。

德国于1919年6月接受《凡尔赛条约》,8月《魏玛宪法》生效,建立了德意志国,又称魏玛共和国或魏玛体制。

《魏玛宪法》当时被认为是世界上最民主的宪法。如果说现在的日本国宪法是世界第一的和平宪法,那么,可以说《魏玛宪法》曾经如此。但在承认总统"非常之大权"之处留下了瑕疵。

在魏玛体制下,作为战败国的德国为了支付巨额赔款,接二连三地出售国外资产等,以填补岌岌可危的财政,却仍入不敷出。德国不得已提出延长支付期限的请求,并保证努力履行战败国的义务。但是,法国和比利时对此不答应,并将拥有德国最大钢铁生产量的鲁尔重工业区,作为防止德国拖延支付的"担保"抓在手里。

这时,鲁尔区的工人们站起来了。他们受了马克思主义思想的影响,认为尝试马克思主义工人暴动的好机会来了。但遗憾的是,由于国力本身走向衰弱,反而更加降低了德国的生产能力,马克思主义经济学变得不可收拾。

在施特雷泽曼担任总理和外交大臣期间,镇压了鲁尔区的工人起义。1924年施特雷泽曼在由美国提出的《道威斯计划》上签字,减少今后五年内每年支付的赔款额度,并向美国申请巨额贷款,以稳定德国财政。

经过德国人的努力,经济出现了奇迹般的复苏迹象。保守派势力得以恢复。保罗·冯·兴登堡就任总统后,通过交涉,不但让战胜国各方同意削减德国的战争赔款,还成功地延长了偿还期限。

然而，就在这时，纽约股市泡沫崩溃了。1929年（昭和四年）10月24日股价暴跌，即所谓"黑暗的星期四"。美国正值胡佛总统在任期间。

局势突然一转直下。3年后，股价下降到六分之一，五百多家银行倒闭。进而事态继续恶化，在美国每四个人中有一个人失业。

世界金融危机的影响非常之大，特别是德国受到的打击最为严重。被投入的美国资本突然升值，1931年胡佛发表的将赔款期限延长一年的《延债宣言》成了杯水车薪，德国经济再次陷入崩溃状态。在15年内发生了两次国家破产。

1932年，德国的失业者达到600万人，陷入了每两个人中有一个人没有工作的困境。当时有社会民主党、共产党、中央党等政党，却没有任何解决办法。就在这时，"纳粹"势力突然抬头了。

纳粹是"国家社会主义德国工人党"的简称。1932年（昭和七年）纳粹成为第一大党，第二年希特勒成立内阁。

世界恐慌之前，纳粹只有12个议席。因此，当时法西斯的萌芽完全没有得到承认。纳粹的形象是在德国国民期待已久的"救国内阁"出现时变得鲜明的。初期的纳粹甚至主张阶级斗争。这表现在其名称"国家社会主义德国工人党"之中。这里加入了社会主义这一词汇。与俄国革命后的苏联一样，当时的德国把大企业的国营化、禁止不劳而获、对工人正当地分配利益等都进行了法案化。

然而在那以后，纳粹逐渐走向了法西斯的道路。首先，1933年废止了魏玛宪法，经议会通过了"全权委任法"，并将初期的阶级斗争理念转换为仇恨的人种斗争，继而退出国际联盟。

这时，希特勒向全世界宣布建立"第三帝国"，意为"继罗马帝国和神圣罗马帝国之后的第三个帝国"。首先，着手增加雇佣机会，恢复经济。这是德国国民的愿望，希特勒对此做出了回应。

希特勒开始修建联邦高速公路，大量生产大众汽车，通过扣除工资的方式销售大众车，又调整了贸易结构，奇迹般地实现了经济复苏。但是，希特勒的野心没有就此罢休。

保罗·冯·兴登堡死后，希特勒就自封"总统"，终于建立了独裁体制。从此，法西斯剧场拉开了帷幕。希特勒所做的是按照剧本上演希特勒剧。1934年修建集中营，第二年撕毁《凡尔赛条约》。

无法挽回的疯狂
——第二次世界大战揭开了帷幕

世界经济危机给日本也造成了重大的打击。

各国在恐慌后相继放弃了金本位制,争相降低汇率。各国还为保护本国产业,开始控制进口。即使如此,景气也没能恢复。于是,大国试图通过政治干涉来恢复经济。这被称为"经济封锁政策"。英国形成了英镑封锁制,法国形成了法郎封锁制,美国形成了美元封锁制,各国都试图在各自的关键货币圈中为经济注入活力。这就是延续至今的货币体系的原型(现在的关键货币只有美元)。

经济封锁政策对拥有较多殖民地的列强更为有利,而且,对拥有较多资源的国家更有利。这是理所当然的。因此,失去殖民地的德国、资源匮乏的意大利和日本更加陷入困境。经济封锁是第二次世界大战的导火索之一。

1930年(昭和五年)日本有300万人失业。同时,以东北地区为中心发生了大规模饥荒。甚至连指望赚钱的满铁(南满洲铁道）也出现了赤字。就这样，日本也开始谋划建立"日元封锁"，试图用"日元"把东亚各国的经济实力连接在一起，并予以强化。这就是所谓"大东亚共荣圈"。尤其是要在满洲发现经济复苏的可能性。"八纮一宇""五族协和"是当时日本民族主义口号。但是，这一脚本中途开始由军部进行编写。

我的讲解比较粗略，还牵扯到其他一些原因。始于1931年满洲事变（九一八事变）爆发了。

满洲事变的原委在这里省略。半藤一利的著作《昭和史》（平凡社）等通俗易懂，最好读一读。

在那以后，日本开始遭受重大挫折。虽然满洲事变不是日本政府的政策，而是关东军参谋部的策划，但是，这一事件致使国际联盟派遣李顿调查团，而关东军在其到达之前制造了既成事实。1932年3月扶植溥仪做"满洲国"皇帝的时候，日本政府已经完全陷入这一伪国脚本之中了。满洲国是"冒牌国家"。

以后，根据李顿调查团的报告，国际联盟以四十二票对一票通过了日军从满洲撤兵的决议。日本则做出了完全错误的抉择，退出国际联盟，完全孤立。如果是胡志明的话，是不会这样做的。这样做，使日本失去了利用大国们逐步建立的全球标准的机会。接着，日本与德国、意大利结成三国军事同盟，堕落成为法西斯。

关于第二次世界大战的概要，在此不做详细说明。

导火索是1936年（昭和十一年）意大利侵略埃塞俄比亚，国际联盟对其进行经济制裁，加上国际危机的局势紧张，德军进攻莱茵兰的非武装地带,战争在一瞬间爆发了。在日本发生了二二六事件[①]。在西班牙发生了内乱,佛朗哥建立了法西斯政权。

1937年7月,爆发了卢沟桥事件,"日中战争"开始了。德意日签订了防共协定,开始是对抗苏联和中国共产圈战线,后来则变成了对抗英美的同盟。

在这样的形势之下,1938年希特勒宣布吞并奥地利,并要求割让德国和捷克斯洛伐克国境地带的苏台德地区。这引发了英国和法国的介入。在慕尼黑会谈磋商时,希特勒保证"不再提出更多的领土扩张要求"。英法以为这跟自己常做的交易一样,就接受了希特勒的这一承诺,作为交换,承认了希特勒并吞苏台德地区。但是,希特勒棋高一招。

1939年9月,170万德军进攻波兰,攻陷华沙,仅用3个星期就占领了波兰。对此惊愕不已的英国和法国立即向德国宣战,第二次世界大战爆发了。

德国入侵波兰时,大部分德国国民都十分狂热。对波兰来说,则是不可名状的悲剧。这就是在上一讲中介绍过的安杰依·瓦依达导演的电影《灰烬与钻石》(Ashes and Diamonds)的主题。

本来,希特勒并没有预见到英、法会这么快宣战。因为德国和苏联已经签订了不可侵犯条约,德国以为与苏联联手就不

[①] 二二六事件:1936年2月26日发生的一次失败的兵变。该事件主要是"皇道派"的青年法西斯军官制造的军事政变,也是陆军内部皇道派和统制派的对决。政变失败使皇道派在军中的影响力削减。同时增加了日本帝国主流派领导人对日本政府的政治影响力。这是日本法西斯发展的重要事件。

会受到英、法进攻。其证据是，开战后近半年几乎没有发生战斗（因此有人揶揄说最初是"装样子的战争"），希特勒请求罗斯福总统调停。也许那时的希特勒害怕打长期战。

但是，罗斯福拒绝从中调停。德军改变了总体战略，出其不意地向丹麦和挪威发动进攻，强势挺进。一个月后攻打荷兰、比利时、法国。后来的经过就无须再提了。"希特勒的疯狂"愈演愈烈。1940年，德意日结成三国同盟时，这一疯狂已经抑制不住了。

世界大战是如何结束的？
——胜者是谁？

从第一次世界大战结束到第二次世界大战爆发，只有20年。因为日本偷袭珍珠港向美国挑战，日本攻打英属马来西亚和香港的英军，又入侵法领印度支那（法印），欧洲的战争和亚洲的战争连在了一起。

这是"全球规模的全面战争"，是人类历史上前所未有的。不管是亚历山大大帝、成吉思汗，还是拿破仑都没有这样做。在两次世界大战中，死亡人数超过5000万人。细菌武器、毒瓦斯、原子弹都被投入使用。无差别屠杀在所有战场上横行。

为什么会发生这样的战争呢？我不想再加以说明。几乎所有的人都疯狂了。或是为了获取权益，或是为了报仇雪耻，或是为了掠夺资源。

战败方不正常，战胜方也不正常。后来成为战胜国的大国们在战争期间的脚本也十分可疑，被称为"雅尔塔体系"。

其内容如何呢？1941年，罗斯福和丘吉尔签订了《大西洋宪章》，相互承诺①不扩大领土；②不变更领土；③建立维持和平机构；却都没有得以实现。在1945年"雅尔塔会谈"的背后，罗斯福与斯大林签订了秘密协定，相互承诺①放弃日苏中立条约向日本宣战；②作为交换条件，将南桦太和千岛归给苏联；③保证旅顺、大连的权益和满洲铁道的优先权。总之，是"苏联的领土回到日俄战争前的状态"。这就是"雅尔塔体系"。

这样的协定果真是民主主义阵营所进行的"社会的进化"，或是国际和平吗？不得而知。

确实法西斯被打倒了。然而，回顾战后的经过，好像结论只有"必须赢得战争"的感觉。日本也只为谋求胜利。让人不得不这样想。国民国家断然发动战争，而且必须胜利。胜者王侯，败者贼。这一逻辑是近代史中的万国共通且不容置疑的。我想说的是，仅这一点是现代史所证明的。

我这么一说，也许会被认为是"丧家犬的叫声"，其实并非如此。这也适用于中东战争、朝鲜战争、越南战争、海湾战争。

作为战胜方的同盟国把第二次世界大战的战果看成是"战胜了法西斯"。这是正确的。法西斯确实被彻底打倒了。

但是，法西斯这一概念至今还不确定。这就是今天的历史学现状。

法西斯在日文中还被翻译成"全体主义"，这一说法至今也没有明确的定义。一般来说，法西斯具有否定立宪制和议会政治、独裁、否定自由主义等特征，然而，仅此是无法将其与保守反动体制或极端民族主义相区分的，也不能明确与帝国主义或国家社会主义的界限。海德格尔的弟子汉娜·阿伦特和恩斯特·诺尔特等人指出，社会达尔文主义走向极端就是法西斯。

因此，法西斯只是事后用"战胜法西斯一方的逻辑"的补充说明。然而，"二战是民主主义的胜利"这一命题是否正确呢？假设是正确的话，那么，民主主义是什么呢？

根据同盟国的胜利及其说明，在战后社会中，对抗法西斯的民主主义国家的繁荣应该得到保证。然而，事实上，战后社会却变得面目全非。因此，现在看来，这种观点有许多局限性。

比如，能说由于核武器而形成的冷战局面是民主主义的特色之一吗？如果这么说的话，那么，能说民主主义中存在自由主义和共产主义吗？这一观点令人怀疑。

这些姑且不说，应该说的是，在现代史中，包括原子弹爆炸在内等第二次世界大战至今仍未完全终结。

总之，战后社会以雅尔塔体系为基础，有了如下的进展。那就是封锁经济的时代结束，在世界大战期间唯一作为"世界武器库"而繁荣起来的美国，其货币——美元成为世界上唯一的关键货币，美国领导推行自由资本主义，各国都追随美国。

这在经济社会史中称为"布雷顿森林体系"或"IMF体制"。1944年7月，44个国家和地区的经济特使在美国新罕布什尔州的布雷顿森林召开联合国货币金融会议，商讨战后国际货币体系问题。以后，降低汇率的竞争得以控制，国际货币基金组织（IMF）和国际复兴开发银行（IBDR）正式启动。

布雷顿森林体系是"固定汇率制"。美元直接与黄金挂钩，各国货币则与美元挂钩，并可按一盎司黄金35美元的官价和美国兑换黄金。这意味着随着世界贸易的扩大，作为结算货币的美元就要从美国流出。"美利坚治世"（Pax Americana）的时代就这样堂而皇之地拉开了帷幕。

中东战争与沉睡的黑暗大陆之觉醒
——复兴主义

第二次世界大战结束了"列强时代"。取而代之的是,以美国、苏联、英国、法国、中国为代表的"大国时代"。

"大国时代"最初毫无起色,其特征是新加入了中国,德国被排除在外。还有,这五个大国成为联合国的常任理事国,等于宣布20世纪后半叶的国际社会是由大国来主持的。但是,只要观察一下后来中东局势的变化,那么,雅尔塔体系、联合国体制、布雷顿森林体系的本质便一目了然。

那以后的中东局势如何呢?我在本讲的最后要通过这一问题,概观当今世界的缩影。

前面讲过,英国利用"贝尔福宣言",承诺为犹太人建立以色列。

但是在战争期间,纳粹德国把犹太人驱逐出境,逃难的犹太人不得不移民。其中,大约45万犹太人先后进入巴勒斯坦地区。这些犹太人在跟阿拉伯人进行抗争的同时，逐渐开始反抗英国。

对收拾局势感到棘手的英国认为，犹太人建国的费用只由英国承担是对英国不利的，就不负责任地放手不管。而且把以色列信任统治的决定权移交给联合国。

1947年11月，联合国大会表决通过决议，把巴勒斯坦分割为犹太人国家和阿拉伯人国家，由联合国管理耶路撒冷。这多亏美国的拉选票工作做得到位。美国目睹英国的倒退，着手编写议事日程，诱导以色列走向对美国有利的方向。

1948年5月14日，以色列国正式宣布成立。但是，无论是犹太人还是阿拉伯人都不能接受联合国关于巴勒斯坦分治的决议。第二天，阿拉伯人挥起了愤怒的铁拳。埃及国防大臣在开罗的寺院前，向2万人动员道："我们所剩下的，只有枪和《古兰经》了。"就这样，阿拉伯人的军队立即进攻了巴勒斯坦。以色列进行了反击。这就是"第一次中东战争"。

结果是停战了。在混乱中，约旦把约旦河西岸、埃及则把加沙地带纳入了各自的领地。这一纷争地区成了至今也纠缠不休的矛盾。多达100万人的巴勒斯坦人逃离家园，沦为难民。

当时的主要人物之一是埃及总统贾迈勒·阿卜杜·纳赛尔。他是在帝国主义列强瓜分非洲后的第一个阿拉伯民族主义旗手。

纳赛尔跟穆罕默德·纳吉布联手，于1952年发动军事政变，废除帝制并建立了阿拉伯埃及共和国。又立即宣布修建巨大的阿斯旺水坝，一面向英美提出资金援助的要求，一面接近苏联和中国。这也证明了在阿拉伯也有能将世界大国的野心摆布在手的招数。

　　当然，对于开始接近中苏共产圈的埃及，英美是不援助的，水坝修建资金被撤销。于是，纳赛尔宣布"苏伊士运河国有化"，发出豪言壮语要自筹资金。如果苏伊士运河被埃及控制，欧洲就束手无策了。英国、法国、以色列立即向埃及出兵，1956年爆发了"第二次中东战争"（苏伊士战争）。

　　纳赛尔的阿拉伯民族主义旋风成为使"沉睡的黑暗非洲大陆"觉醒的诱因。终于为布尔战争雪恨了。利比亚、苏丹、摩洛哥、突尼斯宣布独立。1957年英国殖民地黄金海岸，在恩克鲁玛首相的领导下宣布独立，改名加纳，非洲的第一个独立国家诞生了。非洲仅1960年这一年内，就有17个国家相继宣布独立。

　　阿拉伯有一个将阿拉伯社会统一成一个综合国家的愿望，即"复兴主义"。

　　纳赛尔也是曾经策划过建立阿拉伯各国联盟的领袖。1947年，在叙利亚的大马士革，成立了以实现复兴主义为目标的"阿拉伯复兴社会党"。其影响蔓延到伊拉克，发生了复兴主义的东西分裂。当时，把伊拉克的阿拉伯复兴社会党发展壮大的是年轻的萨达姆·侯赛因。

　　在此期间，企图通过分裂阿拉伯而保证本国优势的"大国"，与大国勾结的阿拉伯各国互相激烈角逐。纳赛尔紧紧抱住苏联，以开罗为中心扩大势力范围。伊拉克和约旦则与沙特阿拉伯联合在一起，跟美国保持互动，以巴格达为中心扩大势力范围。

就这样，中东地区被一分为二，西部是"开罗势力"，东部是"巴格达势力"。特别起决定性作用的是1958年，在巴格达，阿卜杜勒·卡里姆·卡塞姆率领青年将校起义，发动了伊拉克革命，推翻了费萨尔王朝君主政权。

可是，如果从上空俯瞰这一局势，就会看出这是美苏对立的反映。或者反映了日益失去影响力的英国所做的最后挣扎。为此，中东的势力地图至今也一直变幻莫测。

比如在伊朗，第二次世界大战期间，英国和苏联以防止德国霸占伊朗的石油为名，将德黑兰作为中立地带，分别进军南北两侧。到了战后，伊朗拒绝了英国成立的英伊石油公司（Anglo-Iranian Oil Company）和苏联成立的苏联伊朗石油公司，并试图抱住美国，远离英苏。新民族派的摩萨台总理突然出现，断然实行石油产业的国营化。

因此，伊朗和英国断绝了外交关系。英国立即把伊朗石油从世界市场中赶了出去，使伊朗陷入财政危机。当时，美国趁机支援反摩萨台的巴列维国王。

巴列维国王把摩萨台赶下台，以美国为中心的八大国际石油资本分享伊朗石油的利益。伊朗在美国的援助下，从1963年开始实施农地改革、国有工厂民营化、承认女性参政权等近代化、民主化政策。

这就是所谓"伊朗白色革命"。美国立即在伊朗国内修建军事基地，要求伊朗承认以色列。伊朗任凭美国摆布。当然，在伊朗国内，维持治安过于严厉、贫富差距扩大、传统文化衰退等，激发了民众的不满情绪，并遭到伊斯兰势力的反抗。

此时，什叶派穆斯林领袖霍梅尼发动了伊朗革命。1979年巴列维国王逃亡，伊朗实现了伊斯兰复兴。

那以后一系列的中东形势变化，就是现代史，是令人记忆犹新的。海湾战争、伊拉克战争、突尼斯革命、库尔德人的决起、"伊斯兰国"（IS）的抬头，所有这些都是互相关联的。

要想准确地把握这些动向是难上加难的。池上彰和佐藤优合著的《大世界史》（文春新书）很值得参考，我向各位推荐。

第11讲 美国的资本主义与大众的力量

"战后日本的民主化"意味着什么？

第二次世界大战结束已经过了70多年，今天的世界面貌焕然一新。在20世纪和21世纪，许多事物发生了变化或变质。其中，我认为，核武器和互联网为世界带来了决定性的变化。

核武器带来了"核威胁与核威慑力"，而互联网则带来了"搜索信息知识和搜索欲望的接近"。其意义我在本讲和下一讲说明。

昭和日本和平成日本也发生了巨大变化。其中，对日本来说，美国从战争期间的敌国逐渐变成了盟国。这是富有戏剧性的变化。昭和日本在战局恶化时接受了《波茨坦公告》；战败后，被代表同盟国的美国占领。这就是"战后"的开端。当然，许多事物都美国化了。而且，对美国化的抵触情绪应该是十分强烈的。以前的"和魂汉才"或者"和魂洋才"变成"和魂亚才"或"亚魂和才"的也不少。

我原来以为，美国化和反美国化是同时进行的，可是，平成日本经过5年、10年后，更加倾向于美国一边倒了。我认为需要把握这一"美国主义"潮流的变化。

其原因是战败,是驻日盟军总司令部(GHQ)的政策,是日本国宪法,是日本的战后社会所标榜的民主主义,还是明治维新以来的国民文化?是跟从东亚社会的变化中渗透出的什么混合在一起的原因,还是日本社会原有的体质跟美国带来的可口可乐、牛仔裤、流行文化混在一起的原因呢?事实上,这些问题都没有追根溯源地探讨过。

把这些问题概括起来,可以说成"战后日本被民主化了"。那么,民主化究竟是什么、又是如何被民主化的呢?这个问题至今仍然不明确。财阀解体、农地回到农民手中、民主式教育得以实现、医疗保险制度逐步健全等等,不胜枚举。我认为,确实日本在各领域经历了民主化过程,并确立了日本式的民主主义。

但是,这里需要用其他的视点来思考。民主主义是必须"少数服从多数"的政治制度,所以,民主式过程和民主式对话等一切都需要得到大众的赞同。正因为如此,选举和会议的议决都必须是少数服从多数。

只有经过民主式手续由少数服从多数而做出决定,民主主义才能成立。否则是不行的。但是,这一少数服从多数的最大范围涉及"国民"。需要"大家"来参与。"大家"当然是指每个国民的意愿,"大家"一词现在成为"大众"的同义词。

那么,我们如何理解这个问题才好呢?下面就一起来思考一下。

在1968年(昭和四十三年)众议院选举中,芥川奖获奖作家石原慎太郎获得选票最多，以 300 万票当选。获得第二多选票的是电视小品作家青岛幸男。他曾经为 The Crazy Cats（疯猫）的植木等演唱的歌曲《斯达拉节》写过歌词。那以后，日本的政界选举开始横行"演艺界名人主义"。

在全国范围的选举中，不但演艺界名人容易获得更多选票，而且其他候选人也想方设法博得"大众欢迎"。候选人不得不常常向大众献"媚"。不仅如此，政策口号也更加有意识地迎合大众。大众媒体也大肆炒"媚"。到了笑星东国原当选宫崎县知事时，已经令人不忍目睹了。这种现象用政治社会学术语叫"大众迎合主义"（populism）。

大众迎合主义是候选人迎合大众的现象，而不是大众向候选人献媚。主体是候选人。

即使如此，我感到诧异的是，人们竟然在不知不觉中相信"民主式过程"反映在这样的选举和大众力量之间。人们逐渐认为，倾听大众的呼声是民主的表现、不无视大众是民主主义的前提。这种风潮是如何形成的呢？

当今的民众或大众之所以能作为民众或大众，其理由是显而易见的。用一句话说，就是因为"民主社会"和"消费社会"变得巨大无比，使得两者逐渐接近而彼此交错在了一起。

为什么会成为这个样子呢？那是因为在双方各种各样的场面中，大家都是民主主义者、大家都是消费者、大家都享受同样的福祉、大家都是互联网用户，这样的社会是政府和大众都希望的。大家都希望做大概一样的事。关于这一变化经过，我在第东方卷讲说过，由于媒体和技术的影响力巨大，许多事情都变得"方便"了。

这是无可厚非的。而且这是众人期盼的。虽然曾经苦于暴政、苦于贫困,却得以享受技术革命的成果而从困苦中解脱出来。大家都有了智能手机。所以,即使有困难必须去克服,也只有这个方向才有未来。这样想是理所当然的。

但是,这并不能充分说明"民主主义的证明"。还需要进一步思考。

比如,虽然"消费社会"变得如此方便,但我们真的希望继续这样的消费吗?为此,企业要继续提供既方便又让人放心的产品和商品,而这些企业必须拥有"资本实力"。说是"消费生活",其中掺杂着产油国的算盘、各国货币政策的算盘。

假如为了确立民主主义,大家都要各自负责、不得已要尽义务,那么,这一"民主生活"能够在多大的范围内进行呢?在东方卷第1讲中,我介绍了格鲁吉亚和南斯拉夫的例子,在本书第10讲中我讲述了"瓜分非洲",地球上有许多国家和地区或是在获得"民主化"以前其内政就遭到强国干涉,或是在无法实现"民主化"的情况下而忍受着贫困和饥饿。

如此说来,就不得不承认,作为国民国家,各国开始实施的民主主义手续中存在着各种各样的矛盾。其原因是,大众把"国家"完全包揽在内,而国家的规模不能超过"大众的规模"。

美国的个人主义与大众文化
　　——新怪物、大众

　　西班牙哲学家何塞·奥特嘉·伊·加塞特在著作《大众的反逆》（筑摩学艺文库）中，这样说道："*大众是自己什么都不想、觉得跟大家一样就感到放心的集合体。*"

　　奥特嘉认为，大众最喜欢把正在流行的征兆当作现实，其倾向是可以随时不负责任地变换所关心的对象，一有新的征兆就立刻扑上去，紧接着就变心。大众一定有这样的情绪。奥特嘉还幽默地说："大众的观念是突发奇想，大众的信念是深信不疑。"

　　大众好像随时会变心的少女一样。当这样的大众以10万人、100万人、1000万人为单位，时而向同一个方向随风摇摆，时而背叛，时而分成数个集团，又时而向其他方向摇摆。这并不可爱，而是可怕。但是，确实大众非但不负责任地"把征兆变成现实"，而且对变心毫不介意。

大众究竟是什么？这很难回答。

虽然大众没有一张张"脸"，但是，其"合计"所带来的却是雄辩。大众的形象反映在投票动向、购买动向、旅行动向等动向统计"数字"中，而"质"的决定正产生于其中。大众掌握着"把数量变成质量"的决定权，是把"数量"变成"质量"的装置。

大众就是这样的怪物，好像新的利维坦。什么都能决定，对什么都能投诉。如此怪物般的大众是从什么时候开始掌握"把数量变成质量"这一决定权的呢？奥特嘉认为是从古罗马时代开始的。听起来好像有道理，然而，果真如此吗？

帕特里克·布兰亭格[①]的著作《面包和马戏团》（劲草书房）意味深长。布兰亭格主要研究英美文化和英语文学，他在这本书中旁征博引了许多事例并分析指出，第二次世界大战后的美国正如古罗马帝国的繁荣和衰退一样，其大众文化所出现的症状则比古罗马文化衰退时更为严重。

因为古罗马的为政者们把面包和马戏团给予民众，帝国同时出现了狂热和衰落，进而走向没落。众所周知，这是至今为止许多学者所争论的话题，在日本也有盐野七生等人多次做过解说。布兰亭格分析说，与此相似的现象正发生在美国，而且更加棘手。

历史学家阿诺尔德·汤因比说过："现在美国代表的是古罗马帝国所代表的东西。"受到这一启发，布兰亭格在调查研

---

① Patrick Brantlinger，1941 年生，美国印第安纳州立大学教授。

究了美国现代史后,发表了新的见解,其结论是"大众文化造成了社会衰退"。

这一见解跟用不同的分析方法对美国人的思想感情和政治感觉进行调查分析的艾伦·布鲁姆在著作《美国精神的封闭》(美篶书房)中的结论几乎一致。有关布鲁姆,我在后文中还会介绍,他是越南战争后美国政治哲学家的代表。

那么,布兰亭格和布鲁姆的见解在什么地方一致呢?他们认为,作为美国特有的现象,"大众文化吞噬高雅文化,结果使大众和自我中心主义变得表里一致"。

高雅文化就是古典音乐或精品艺术等。大众不做丝毫咀嚼就把这些生吞硬咽下去了。自我中心主义是较轻的利己主义,常被说成是美国式个人主义。自我中心主义与大众的心理产生了一致。在日本,被人们半开玩笑地说成"以自我为中心"等。

吞噬文化的大众文化

大众文化是跟高雅文化相对比而创造出来的词汇。在美国，从1930年代起开始使用"mass"这一词汇。比如，大众社交、大众产品、大众娱乐、大众艺术等都是在那个时期出现的。

"mass"是指大量的群或多数的集团，替代了在那以前表示"民众"或"民众的"的"people"或"folk"等。虽然每个人的"脸"是难以看见的，但在聚成群表达意见时，却具有一种超乎想象的不可控制的能量。这就是"mass"。

英文的"mass"跟日文的"大众"，略有不同。如果比较一下日文和英文的用法就一目了然。日文中的"大众社会、大众文化、大众小说、大众艺术、大众杂志"等冠以"大众"的单词，在英文中分别是"mass society, pop culture, democratic art, general interest magazine"等，各不相同。有的"好像大众"，有的"流行或者通俗"，有的更为"普通"，有的"民主"。真不愧是创造出大众文化的美国。

被称为美国特有症状的大众社会性和大众文化性,在日本被完全理解成为"民主的东西"。这是什么原因呢?

显然在日本,大众和自我中心主义也是表里一致的。日本的媒体(读卖、朝日、每日、日经、产经、各电视台)的规模都非常之大,因此,大众文化和流行文化甚至成了日本大众传媒实体本身。我每每感到惊讶的是,去上野的博物馆时,不管展览会的主题是文艺复兴还是美术、是比利时神秘主义还是王羲之、是达利还是玛雅文化,馆内总是被观众挤得满满的。正是在日本(或东京),各种各样的大众在吞噬着高雅文化。

如此大众社会现象与用各种词汇表示"大众性"的美国社会略有不同。这是日本所特有的,还是美国特有的现象被日本化了呢?如果是后者的话,其原因是什么呢?不刨根问底,是无法捕捉到这一现象的本质的。

但是,自日本人迎来战后50年(1995年)的时候起,在不知不觉中日本人已经不再争论日本从美国拿来的或借来的、美国强加给日本的、日本没有接受的事物究竟是什么、有什么意义和背景了。而且,各种事物复杂地交织在一起,什么是日本式的东西、日本流是什么等问题也无法讨论了。至少我是这样感觉的。从那时起,我开始认真思考"日本式的东西"和"日本之方法"。

只凭现状,日本无法议论美国。既不能感谢,又不能责难。这是行不通的。我一直这样思考。

为什么会这样呢?是因为日本人没有从"败给了美国"这一精神创伤中解脱出来呢?还是因为连这一点都尽量让自己不再去想呢?本书要涉入这些问题。

下面,我关于战后70年做一个概述。请大家特别关注将日美关系进行相互记谱的部分。至于从中得出什么结论,我会放在最后讲。

东亚被策划成"反共堡垒"
——冷战政治

首先,我们先概观一下第二次世界大战刚结束后,庞大的世界经济体制是如何变化的。

如第10讲所述,战后体制的开端是以国际货币基金组织(IMF)和世界银行为两大引擎启动的"布雷顿森林体系"。以美元和黄金可兑换为前提的固定汇率制开启了战后的世界经济。

随后,为了复兴在二战中遭到重创的欧洲经济,美国总统杜鲁门的国务卿马歇尔发表了"马歇尔计划"。欧洲各国立即接受这一计划,筹措了210亿美元资金,抱团成立了欧洲经济合作组织(OEEC)。但当时,以苏联为首的东欧国家对此表示反对。接着,西方主要国家成立了北大西洋公约组织(NATO),与其对抗;东欧国家则成立了华沙条约机构以及共产党和工人党情报局。

世界刚开始迎来战后和平,就出现了大裂痕和大对立。日本非但如此,到处都是战争留下的伤痕。我是 1944 年(昭和十九年)1 月出生的,那时只有两三岁。后来,听母亲说:"当时能让你吃上三顿饭,就是我活着的意义。"

1946 年英国首相丘吉尔发表了"铁幕"演说,第二年美国杜鲁门总统做了"反共"演说,拉开了厚颜无耻的东西冷战体制的序幕。在所谓"铁幕"演说中,"从波罗的海的什切青,到亚得里亚海边的里雅斯特,一幅横贯欧洲大陆的铁幕已经拉下",揶揄了共产圈的确立。世界分成了"欧美自由主义"和"苏联主导社会主义"两大阵营。

冷战叫"Cold War",以美苏为首的两大军事集团进行对峙,互相保证不再增加大规模杀伤武器,同时在军事和政治方面进行争夺世界的拔河游戏。

当时苏联的卓越领袖是斯大林,生于格鲁吉亚。斯大林的方针是放弃以前列宁时代的无产阶级专政主义,在苏联和东欧建立干部职务名称表制度以强化新统治阶级。这是跟马克思主义几乎无关的官僚社会主义,被称为"斯大林主义"。斯大林开展了大规模肃反运动,后来被赫鲁晓夫揭露出来。而当时,在苏联内部究竟发生了什么,外人不得知晓。

在西方世界,推行苏联意识形态的据点日益巩固。对此,美国连忙推出各种各样的反共措施。

首先,为了抑制工人运动,美国国会通过了《1947 年劳资关系法》,"红色恐慌(Red Scare)"(连好莱坞都潜入了间谍)开始了。一方面,美国成立了中央情报局(CIA)。针对共产党和工人党情报局的对抗措施,在国内外彻底地实行反共产主义,并开展全面彻底的间谍活动。(曾经是英国间谍的伊恩·弗莱明以亲身经历为题材创作了詹姆斯·邦德007系列小说。)另一方面,美国于1946年在比基尼群礁开始了核试验,以增强军事实力。苏联从1949年起,原子弹和氢弹试验接二连三地成功,改变了美国独占核武器的局面。

为了继续保持在军事和政治上的实力,美国在世界各地建立据点。同时强化各地区的反共防卫体制,以阻止苏联增强实力。

其中之一是东亚战略。美国让日本拥有"自卫队"(最初是警察预备队),将日本列岛和朝鲜半岛的南部连动起来作为"反共堡垒"。在甲午战争、日俄战争以后,朝鲜半岛又成了战场。

朝鲜独立是在二战期间的1943年,由美国、英国、中国签订的《开罗宣言》宣布承认的。但是,出乎美国预料的事情发生了。在日本接受《波茨坦公告》之前,苏联为了攻击日本,入侵朝鲜半岛北部。这一事件为东亚地缘政治学带来了决定性影响。

结果如何呢?朝鲜半岛以北纬38度线为界,北部被苏联、南部被美国,分别进行了五年的"信任统治"(即占领)。因此,在朝鲜半岛的北部,金日成建立了"朝鲜民主主义人民共和国"(朝鲜),在朝鲜半岛的南部,李承晚建立了"大韩民国"(韩国)。就是今天的朝鲜和韩国。

当然这样的不均衡没有继续下去。1950年6月,得到苏联援助,朝鲜军队11万人越过38度线,仅用三天就攻陷了首尔。为支援韩国抵御朝鲜进攻,联合国安理会派出以美军为主的"联合国军",并将司令部设在东京,由道格拉斯·麦克阿瑟亲自坐镇指挥。麦克阿瑟立即在仁川登陆，夺回汉城。这就是"朝鲜战争"。

中国认为这一形势威胁到本国安全，派百万大军参战。麦克阿瑟试图一举扩大战域以建立"反共亚洲"，计划把原子弹投在从符拉迪沃斯托克到北京的26个城市。麦克阿瑟就是这种人。战争就是惨无人道的破坏。

如果执行了这一计划，就会立即引发世界大战。美国总统杜鲁门对此加以阻止，罢免了麦克阿瑟。

朝鲜战争在联合国介入三年后，终于迎来休战。美国与韩国签署了军事协定，在南部建立了"大韩民国"（现在的韩国）。朝鲜则接受了苏联的援助，选择了社会主义体制。朝鲜半岛分成了两个完全不同的国家。朝鲜和韩国至今仍然处于"休战"状态。

就这样，美国在韩国修建了军事基地，把日韩两国编入了一系列的"东亚防共体制"中。美军第七舰队开始在台湾海峡附近巡逻。

日本按照美国政府的指示创设了"警察预备队"。虽然时任首相吉田茂做了抵抗，但四年后将"警察预备队"升格为"自卫队"。另一方面，日本获得了朝鲜战争军用物资的大量订单，靠"特需景气"发了大财。战争是充满矛盾的，又有人发了战争财。西蒙娜·韦伊[1]说："战争是国内矛盾的暴露。"罗杰·凯洛伊斯[2]说："战争是社会本能的暴露。"真是英雄所见略同。

---

[1] Simone Weil，法国思想家。

[2] Roger Caillois，法国社会学家。

新殖民地主义时代的代理战争

美国的"反共堡垒"不仅是朝鲜半岛。在亚洲,美国还企图把越南分成南北两部分,在南越南建立"反共堡垒"。但是,正如第10讲所述,因胡志明和武元甲将军的奋勇抵抗,"越南战争"陷入泥沼,成为美国约翰逊和尼克松时代的最大失败。

美军在越战期间实行的美莱村屠杀和除草作战①等十分残忍,现在终于被暴露在光天化日之下。

关于越战,请读一读大卫·哈伯斯坦的著作《出类拔萃的一群(The Best and the Brightest)》(二玄社)。大卫·哈伯斯坦是《纽约时报》记者,在任越南特派员期间,对越战产生了疑问。经过详细采访后,他发表了这一长篇纪实报告。标题为《出类拔萃的一群(The Best and the Brightest)》,指的是由肯尼迪总统召集、约翰逊总统指挥的"美国最优秀最聪明的人才"。这本书揭示了为什么所谓的精英们指挥的战争是"最糟

---

① Herbicidal warfare,指美军用军机大量喷洒高效除草剂。

糕的"。

惨无人道的越南战争点燃了反战运动。1967年前后,世界各地掀起了反战运动,尤其是反战学生运动。在当时,普遍认为"反体制文化"才是文化。我认为,摇滚乐如此普及全世界,与越南战争陷入泥沼有着密切的关系。

总之,朝鲜战争和越南战争的本质就是美苏两大阵营的"代理战争"。

20世纪50年代,世界在美苏冷战体制下,迈向下一个"新殖民地主义"阶段。到这里我已经多次讲到了英国伊丽莎白二世时代以后的殖民地问题,19世纪是新"近代殖民地"的竞争。从19世纪末起,以瓜分非洲为目的的帝国主义列强加速了奥斯曼帝国等旧帝国解体。在这一轮近代殖民地竞争中落后的德国、奥地利、日本、意大利等国野心勃勃地穷追猛打,结果点燃了两次世界大战的导火索。

20世纪后半叶,新"代理战争"开始了,其性质变成了对新殖民地进行间接统治的竞争。

世界各国不能对这一事态的发展视而不见。1955年4月,在印度尼西亚万隆召开了首届"亚非会议"(AA会议)。印度总理尼赫鲁、印度尼西亚总统苏卡诺、中国总理周恩来、埃及总统纳赛尔发挥了积极作用。

这次会议的成果巨大,不但在亚洲和非洲之间搭建了新的桥梁,而且诞生了不属于美苏两大阵营的"第三世界",提倡相互合作和不结盟等。其中,最值得关注的是"新殖民地"这一概念的出现。

日本派经济审议厅长官高碕达之助和外务省参与加濑俊一前去出席会议。但是，其他参会的28个国家大多数是首脑出席。日本过于顾虑美国的面子，而降低了参会者级别，做出与第三世界保持距离的姿态。日本政府就是在这样重要的场合，没能打出外交王牌。

在万隆会议（AA会议）上突然出现的"新殖民地"一词，是指因大国介入而只自立了一半的国家和地区。虽然政治上独立了，却被安扎了军事基地、或在经济上没有被允许独立的国家和地区，都是新殖民地。

不仅美苏，许多资本主义大国也积极推行这一"新殖民地主义"，既有成功也有失败。

比如，阿尔及利亚。法国一直把阿尔及利亚当作新殖民地而管辖，没有放弃天然气、石油等地下资源。自1954年起，阿尔及利亚解放战线进行了8年抵抗。到了法国戴高乐政权时代，阿尔及利亚终于迎来了独立。再比如，刚果一直被比利时和美国统治，1971年国名改为"扎伊尔"，1997年成立了刚果民主共和国。还有，赞比亚和津巴布韦是英国的新殖民地。大国们嘴上说是为了实现这些国家的"民主化"，然而事实并非如此。

美国介入的中美洲和南美洲也可以看作是新殖民地。对于牙买加的铝土矿、委内瑞拉的石油、秘鲁的石油和铜、危地马拉的油田和橡胶等，美国是绝不放手的。智利也不例外。智利的民主化就是被强行推销"民主化"的美国摧垮的。

1970年在智利，由共产党和社会党联手的"人民团结阵线"建立了萨尔瓦多·阿连德政权。在南美第一个议会主义革命即将爆发之际,美国动用智利军部,策划了反革命军事政变以对抗人民团结阵线,导致智利全国陷入一片混乱。诺贝尔奖得主、诗人巴勃罗·聂鲁达也投身于这场战斗。

智利总统萨尔瓦多·阿连德为了避免内战发生,决心实施国民投票,但是,陆军总司令奥古斯托·皮诺切特在投票日当天(1973年9月11日)发动了军事政变。萨尔瓦多·阿连德不得已同军部决一死战,却寡不敌众。他手持自动手枪,在广播中发表宣言后,悲壮地倒了下去。那时,电台播音员大声疾呼:"现在,圣地亚哥下雨了!"他的声音传到了全国各地。

这一系列过程,由埃尔维奥·索托(Helvio Soto)导演制作成了极为经典的电影《圣地亚哥在下雨》,其中令人伤感的音乐是由阿斯托尔·皮亚佐拉作曲的。后来,新殖民地冒牌军事政权在智利持续了15年,在其瓦解时人们说"圣地亚哥的雨停了",受到了全世界的关注。智利问题是有名的美国支援法西斯主义的新殖民地事件。

美国的占领政策和改革
——作为新殖民地的日本

日本又如何呢?

各位可能没有这样的认识,日本也是被美军统治的新殖民地。而且,麦克阿瑟元帅率领的驻日盟军总司令部(GHQ),对日本断然实行了一个又一个"民主化"改革。

首先是天皇发表了《人间宣言》诏书。随后,由驻日盟军总司令部(GHQ)主导起草了日本宪法,并通过远东国际军事法庭(俗称东京审判)宣判了战争犯罪。在解除20万人公职的同时,又在五大改革指令的基础上着手实行改革。即,①改革经济机构(财阀的解体与农地改革);②重视并改革义务教育(通过教育三法);③修订选举法(赋予女性参政权);④废除秘密警察、解放政治犯;⑤制定劳动三法(成立劳动组合)。每项改革都成效斐然。

财阀解体是除了三菱、三井、住友和安田这四大财阀以外,浅野水泥、日本窒素等83家公司被列为特殊公司,其中

28家被解体、并被分割成许多企业。当时只有银行没有被解体，而被留作重建经济的核心力量。这就是二战后日本的经济活动转变为"以银行为中心"的原因。

通过农地改革，将当时占日本田地近一半的小面积耕地减少到了一成，一举削弱了大地主的势力，并增加了大量的零星自耕农取而代之。这成为后来保守政党的政治基础。另一方面，革新政党的基础则是由劳动三法而产生的许多劳动组合（即工会）所支撑的。

二战后，日本的政党瞬息万变。鸠山一郎的日本自由党、吉田茂的民主自由党、町田忠治的日本进步党、山本实彦的日本协同党、片山哲的日本社会党、德田球一的日本共产党，这些政党从建党之日起就有实力，直追1955年建立的自由民主党（最初为保守合同）和铃木茂三郎的日本社会党（右派和左派联手）。

这期间，时任首相吉田茂一手接受驻日盟军总司令部（GHQ）统治日本的指示（占领政策）。我向各位推荐约翰·道尔写的《吉田茂的时代》（中公文库）、《拥抱败北》（岩波书店）。

美国占领政策的大部分是建立"日本的民主化"。这样的改革如果不是驻日盟军总司令部（GHQ）的年轻美国军人，不可能进行得如此迅速。我曾经受托于松本清张，负责企划电视系列节目《昭和》的两三集。那时，我切身感受到了GHQ的迅速果断。

但是，以1950年爆发的朝鲜战争为开端，日本逐渐变成"反共堡垒"。

二战后的日本社会给我们的父辈（对各位读者来说，是祖父辈）带来了什么，是一言难尽的。这段历史被编写成无数的小说和电影，各位也一定读过看过一些。我在这里只介绍一部作品，那就是野坂昭如的小说《美国羊栖菜》（新潮文库）。

这本小说是一部杰作。主人公俊夫是大阪的一个初中生，因"战败"，所有的价值观都发生了颠倒错乱。俊夫父亲阵亡，母亲病魔缠身。抱着妹妹蹒跚在战后废墟中的俊夫正是作家自己。日本人在一夜之间对美国士兵改称"美国桑"，操起奇奇怪怪的英文，为养家糊口而疲于奔命。俊夫面对这样的现实，感到焦躁不安。

二战结束后过了20年，俊夫成了广告代理商为电视台服务。有一天，妻子京子在夏威夷旅行时遇到的希金斯夫妇来信说，希望在日本旅行期间住在俊夫的家里。尽管不太情愿，俊夫一家还是答应了。

就这样，两个美国人和三个日本人的生活开始了。但是，情况跟预想有些不同。京子因老夫妇的厚脸皮感到生气。但是，老夫妇越厚脸皮，俊夫越殷勤地对待他们，尽管不情愿。

俊夫惊讶自己为什么这样做。接下来，发现这跟二战刚结束时自己亲身体验的"那件事"很相似。那就是把好容易弄到手的美军物资——红茶茶叶当作"美国羊栖菜"[①]放进锅里煮了吃时，口中的那种极为奇怪的味道。

野坂昭如著有散文《这个国家所失去的》（PHP研究所）。

[①] 羊栖菜：一种藻类植物，别名鹿角尖等。生长在低潮带岩石上。日本称其为"长寿菜"。

他把日本人因战败和在战后社会中失去的东西，用泰然自若的口吻，固执地提炼出来展示给读者，让我感到心如刀绞。用一句话说就是，对"日本处在被阉割后的状态"，野坂怎么也无法忍受，并感到非常气愤。他说，特别是因无法摆脱"东京审判史观"，包括自己在内，大家都感到焦躁郁闷。关于这个问题，我在第13讲从别的角度来阐述。

沉溺于博弈论的美国

美国用占领政策把日本变成"反共堡垒",是因为美国拘泥于"多米诺骨牌效应"理论这一妄想中。社会主义政权在朝鲜半岛、越南和智利建立后,会像多米诺骨牌一样波及全世界,因此,必须事先遏制住。美国就是患了这样一种强迫症而不可自拔。

即使是事先阻止,对美国来说,也是要看准时机的,而且必须进行不可懈怠的准备。究竟需要在何处进行怎样的"正当化",是难题。美国总是以本国行动的"正当化"为国策,因此,必须名正言顺,符合美国式民主主义和美国式资本主义的利益。

因此,在美国的国防战略部队中,非常流行"博弈论"。将军事战略或经济战略设计成冷静而透彻的游戏战略。就是为达到目的而不择手段,即如何实现"20世纪的马基雅维利式权术观"这一战略脚本。

博弈论原本是以约翰·冯·诺伊曼等人的数理研究为学术基础的。冷战期间,美苏之间开始跷跷板游戏后,博弈论突然被加入了美国的国防战略中。后来，又成为 MBA（Master of Business Adminstration）的经营管理游戏理论。MBA 是指有经营管理学硕士学位的人。

20 世纪 50 年代，兰德研究所（RAND Corporation）是为美国军方提供调研和情报分析服务的智库。阿尔伯特·沃尔斯泰特（Albert Wohlstetter）曾任所长。

当时，有一种说法是，只要有"核威慑力"就能对抗苏联。但沃尔斯泰特对此持怀疑态度，极力主张如何显示美国实力才是重要的战略脚本。他关于安全保障进行了以下三方面的研究。①偷袭攻击论；②博弈论；③作战研究及制度分析。

调查发现，美国战略空军的配置在抵御苏联偷袭方面极为脆弱。于是，精通博弈论的防卫专家们制定了新战略脚本。

当初，美苏双方都唯恐遭到对方报复，认为只要形成一种令对方难以先发制人（核偷袭）的局面即可。后来发现，这是对美国不利的。这样的"恐怖均衡"或者"微妙均衡"在掌握对手的军事实力的情况下可能有效，否则就无法出手。当时苏联的军事实力和计划是百分之百保密的，派多少间谍也无法得到情报。这样下去，连"打成平局"也是不可能的。

那么，无论对方拥有什么样的军事实力，只有让对方认为我方有更强的杀伤力，然后再开始相互抑制的游戏。在此基础上，制定微妙均衡（一触即发的状态）的战略脚本，以起到威慑作用。

这就是"零和游戏"。增强报复能力、根据事态发展进行具有大规模杀伤力的限定轰炸，同时，摆出炫耀的架势而进行阶段性升级，以逼迫对方放弃。这样主张的战略专家托马斯·克罗姆比·谢林写了《冲突的策略》（劲草书房）一书，流露出许多可怕的企图。

博弈论实际被应用于1962年"古巴危机"时的实战中。苏联的赫鲁晓夫在古巴部署了导弹，而美国的肯尼迪则运用限定轰炸型逐步升级战术逐渐使苏联陷入窘境。

结果，成功地阻止了事态的发展。这被认为是这一战略脚本的成功。但是，肯尼迪时代任国防部长的罗伯特·麦克纳马拉在《麦克纳马拉回忆录》（共同通讯社）中说，事实上那是相当草率的计划。他回顾说："那只不过是谢林的安乐椅上的战略脚本。"

然而，这"安乐椅上的战略脚本"被应用于越南战争中。亨利·基辛格和麦克乔治·邦迪跟谢林联手，制定了详细的轰炸北越方案[①]，结果大败。其原因不是遭到苏联报复，而是因为没人预想到越南南方民族解放阵线（越共）会采取游击战术。越南战争充满了太多的"误谬"和"残酷"，而现在以美国军机大量喷洒高效除草剂为首的各种事实都被曝光了。

---

① 即"代号37-64行动计划"。

博弈论适用于复杂化的世界吗？
——合理主义者落入的陷阱

博弈论是将具有复杂利害关系的复数个体在进行某种决策时的状况，用"局中人""策略"和"得失"这三要素进行解读。

由此，"激励""分散危机""零和游戏""极小化极大算法""道德风险"等术语开始流行于经营战略和投机中。这正是 MBA 们最嗜好的游戏。

不仅 MBA，美国这个国家本身也对此爱不释手。美国沉溺于博弈论的理由是显而易见的。一个是因为被"多米诺骨牌效应"理论牵着走；另一个理由是，美国以为自己有能力制定最理性、最合理的计划并付诸行动。

这样想也无可厚非。但这种矜持中存在着一个起决定性作用的缺陷。那就是，假设对方也大致合乎情理，并过分相信自己能够制定出超越对方的战略脚本。无论如何，不"过于自信"则不甘心。这跟儒教的"中庸"思想是完全相反的。

当然，在对方处于劣势的时候，不一定需要进行麻烦的游戏。只要向对方炫耀自己的实力即可。但是,博弈论中有一个概念是由约翰·纳什①发现的,叫"纳什均衡"。这是值得关注的。提起纳什,许多读者会想起电影《美丽心灵》吧。他是富有传奇色彩的人物。

*纳什均衡是指参与者的行动处于互相之间的最佳反应状态。*博弈论把纳什均衡作为顶点。

一般来说,博弈论认为,游戏如下进行。在第一阶段,参与者的行动不合理,而且不进行较难的选择。对方一不留神,就按照平常的行动和习惯做出反应。正如英国发动鸦片战争、美国佩里的黑船抵达日本时一样,确实中国和日本能做出的判断是有限的。海湾战争和伊拉克战争时的萨达姆·侯赛因也处于这一阶段吧。

在第二阶段,随着参与者的数量增加,每个参与者之间就产生变数。这时,只要把停留在第一阶段的参与者拉进来即可。俄罗斯和德国对克里米亚半岛和巴尔干半岛虎视眈眈的话,就把奥斯曼帝国卷进参与者中进行博弈。在此,准备好战略脚本的副本,把至少一个做出被动反应的参与者拉进来。即使如此,也能形成纳什均衡状态。

到了第三阶段,用以前的手法是赢不了的。各参与者不断拷贝各种各样的参与者的判断,而改变自己的判断。其判断又反映在别的参与者的招数中。游戏变得极为错综复杂。在此,

---

① John Nash,1928—2015 年,美国著名经济学家,诺贝尔经济学奖得主。

起决定性作用的纳什均衡出现,需要制定战略来超越这一状态。

美国的战略家们热衷于解析如此高难度的博弈。戈尔巴乔夫上台后,美苏对立结束了。博弈论开始被应用于金融投机领域。

博弈论存在着合理主义者容易落入的陷阱。那就是过分相信,对方也能够或者应该以同样的水准认知信息和知识。

这种情况几乎是不可能的。应该看到,知识和思维是根据不同的风土、历史、习惯、语言、状况、对手,而不断流动变化的。否则,就应该像在西方卷第8讲中介绍的胡塞尔和海德格尔所尝试过的那样,跟着注意的鼠标观察自己的意识。不管怎样,把同质性强加给对方而做出判断,是一种傲慢。这不是编辑式世界观。

如果各方承认规则,就等于参与者之间基本达成了一致,就可能按照其规则进行博弈。但是,要考虑到对方理解规则要花一些时间。如果把应用规则和进行博弈过于重合在一起,就过分占据优势了。不过,正因如此,英国和美国总是抢着当"全球游戏规则"的最先制定者。

那样的话,要想抢在英美前面是不容易的。因此,为了跟大国的博弈论进行对抗,就出现了游击队或恐怖分子。游击队或恐怖分子完全是秘密主义,而且完全无视国际规则,所以,没有什么纳什均衡,合理思考也是不可能的。包括奥萨马·本·拉登策划的利用民用飞机的自杀式恐怖袭击事件等,其手法都是无法预料的。

顺便说一句,博弈论隐藏着更加恐怖的陷阱。游戏中如果有像"希特勒般疯狂"的参与者参加，就有可能发生令人难以置信的错误，甚至走火。

决策论专家丹尼尔·艾尔斯伯格[①]指出，当如同"希特勒般疯狂"的参与者在场的时候，各参与者说有"共通的知识"或"同质的知识"反而更加危险。也就是说，对于一个参与者的疯狂，其他所有的参与者都成为其同伙的时候，这个博弈反而会造成异常的后果。

为了说明新殖民地主义的20世纪的马基雅维利权术观，我略为详细地讲解了博弈论。具体内容请参照竹田茂夫写的《解读博弈论》（筑摩新书）等。读者一定会大吃一惊。

[①] Daniel Ellsberg，1931年生，前美国军方分析师，受雇于兰德公司，因1971年私自复制并向媒体提供五角大楼机密文件为世人所知。

自由主义是什么？

兰德研究所的阿尔伯特·沃尔斯泰特等战略策划专家的思想被称为"新保守主义"（Neo-conservatism）。新保守主义者是20世纪80年代以后，制定美国在军事和经济领域的世界战略的集团。

新保守主义思想分为前期的冷战时代，和后期的美国一极时代。前期的代表人物是，曾是沃尔斯泰特的弟子法兰西斯·福山，在成为畅销书的《历史的终结及最后之人》（三笠书房）和《美国处在十字路口：民主、权力与新保守主义的遗产》（讲谈社）中，指出前期的新保守主义思想贯穿了如下四个思想：

①重视民主主义和人权，广泛重视各国的国内政策和体制。
②抱有信念，相信一定能将美国的实力用于实现其道德目标。
③相信要解决重大的安全保障问题，是不能依赖国际法或国际机构的。
④预言大胆的社会改造会带来难以预想的弊病，甚至会破

坏改革的目的。

这正是美国应用于战后日本的战略脚本。可以说，在美苏对立时代，日本就是被驻日盟军总司令部（GHQ）制定了这四个方针。

但是，冷战以后的后期新保守主义者，由此走向了更新的战略脚本。概括起来叫"新自由主义"。美国对逐渐成为经济大国的日本提出各种要求，日本则接受美国的战略脚本，即后期新保守主义者的新自由主义战略脚本。

战后美国的繁荣，跟反共产主义和新殖民地主义一起被称为"新自由主义"，启动了虽然强有力、却有些棘手的经济政策。这样的经济政策被推行于撒切尔执政的英国和里根执政的美国，后来，又为中曾根执政的日本做出了巨大贡献。

简而言之，新自由主义是指通过"市场原教旨主义（market fundamentalism）"和"小政府论"发展资本主义的政治方针。至于为什么新自由主义有"新"字，当然是为了区别于自由主义。理解这一点，还需要一些背景知识。

"自由主义"（liberalism）到底是什么呢？它跟哲学上的"自由"的本质和"自由的思想"几乎没有关系。不如说自由主义是政治方针本身。所以，我认为说成是"自由化主义"更为贴切。

自由主义这一词汇是进入19世纪后出现的。最初是在英国托利党员在侮辱辉格党员的时候，用了西班牙语"liberalismo"。后来，辉格党吸收各党派而建立了"自由党"，其政治理念逐渐具有社会改革性质的时候，自由主义这一政治思想在不知不觉中确立起来了。

但有其根源和背景。我在东方卷第3讲中，介绍过托马斯·霍布斯的《利维坦》。那时托马斯·霍布斯把人类社会放任自流的状态看作"自然状态",而把对其进行统治的状态称为"王权国家"。也就是说,自然状态中不存在任何政治权威,因此,需要一种"实力"。

针对托马斯·霍布斯的见解,曾经是清教徒的约翰·洛克则认为,本来的自然状态应该是指作为上帝之法的自然法的秩序进行流动变化的状态。他说,社会应该存在关于生命、自由和所有的自然状态,这样理解更为合适。

但是,因为自然法的语义颇丰,所以,人们对它加以解释的时候,容易发生混乱。因此,在与自然法尽量相近的理念之上,国家和人民之间签订某种契约(社会契约),委托为政者执行即可。洛克认为,这才是自由。他把这一主张写在了《统治二论》等著作中,被视为后来的自由主义政治哲学的根源。

那么,如果把这样的自由主义作为政治方针,会如何呢?直截了当地说,即国家应该具备保障所有人的生存和生活的制度。

简而言之,建立"福祉国家",应该尽量消除贫富差距,进行无微不至的所得再分配。这是"政府参与的自由主义",被称为"大政府论"。

另一方面,即使不特意提出自由主义等概念,经济社会中也是存在着"市场自由"的。亚当·斯密所说的"自由放任"是指,每个人都在"自我本位"的基础上生产并买卖产品,"自由竞争机制"就会逐渐发挥作用,从而确立一定程度的经济上的自由。

这一见解有一定的道理。原则上是正确的。但只主张这一点是不够的。事实上，无法消灭失业，物价不稳定，甚至发生恐慌。反而"生存的自由"和"生活的保证"都会受到限制。

面对这一个课题，凯恩斯做出了挑战。凯恩斯认为，只听任自由的市场是不可能消灭失业和恐慌的，完全雇用等永远不可能实现。他提出了"有效需求原理"。通常只要"自由竞争机制"在起作用，就可以了。但是，出现僵直不动的状态，国际金融形势即将出现不稳定的时候，政府和公共机构最好积极地参与。这就是凯恩斯理论，归纳在《就业、利息、货币通论》中。

凯恩斯理论，简而言之，就是承认"公共投资"方针。这一理论跟上述的"大政府论"是相关的，跟"福祉国家"主义也是相连的。这是在反省 20 世纪 30 年代世界恐慌的基础上而构思出来的经济政策。

以凯恩斯主义为基础的经济政策在西方各国得以推广，被运用于财政、货币政策中。但是，从某一时期开始，出现了相反意见。"新自由主义"登场了。其背景是世界经济形势发生了巨大变化。

20 世纪 70 年代的方向转换
——新保守主义者诞生的土壤

1967 年,西方各国整合了欧洲经济共同体(EEC)、欧洲原子力共同体(欧盟 RATOM)、欧洲自由贸易连合(EFTA)等,成立了欧洲共同体(EC)。即今天欧盟(EU)的前身。美国正陷入越南战争的泥潭、无法自拔。

1971 年 8 月 15 日,尼克松宣布实行"新经济政策"。该政策放弃金本位,停止美元兑换黄金。理由是美国的黄金保有量从布雷顿森林体系启动时的 246 亿美元减少到了 120 亿美元,缩水了一半。这就是"美元危机"。

由此,金本位制和固定汇率制结束,从而导致二战后带动各国经济增长的布雷顿森林体系瓦解。1973 年启动了"浮动汇率制"。因会场设在华盛顿的史密森尼博物馆,所以通称史密森协定。

日本池田内阁通过实行所得倍增计划、开通新干线、举办东京奥运会和公害发生而开启的经济高速增长,到那时就告一段落了。

告一段落是跟世界形势相联动的,所以,日本接受了美国要求的战略脚本。举一个例子。象征经济高速增长的新干线的修建资金,是从世界银行贷款筹集的。那时,世界银行提出:"如果日本整顿煤炭产业,就贷款。"结果,九州的三井三池煤矿、北海道的夕张煤矿相继关闭,于是,日本经济成长一往直前。但是,以世界银行为引擎之一的布雷顿森林体系降下了帷幕。关闭了夕张煤矿的夕张市后来的命运也许从那时起就注定了吧。

1973年石油出口国机构(OPEC)提升原油价格,紧接着,阿拉伯石油出口机构(OAPEC)宣布暂时停止石油出口,大幅提升石油价格。"石油危机"爆发了。这引发了以色列和阿拉伯发生激烈冲突的"第四次中东战争"。在日本,主妇们为了买手纸在超市排成长队。这是即将发生全球性"能源危机"的征兆。后来的世界围绕中东石油开始发生变化。在南半球,人口增加的同时,产生了最贫困国家,这就是"南南问题"。

这些问题接二连三地发生在20世纪70年代初期,世界经济面临"停滞性通货膨胀",简称"滞胀"。滞胀是经济停滞和通货膨胀的合成词,指物价暴涨和经济萧条同时发生。

美元危机和石油危机正如雪上加霜,各国失业者剧增。美国为此深感头痛,而不得不转轨。这一转轨波及了其他国家。

结果如何呢?资本主义各国的产业界不得不摆脱重视大量使用石油的工业生产模式,而从"重厚长大"向"轻小短薄"转型。更轻的、更小的、更快的、更薄的产品受到欢迎。各企业一齐尝试向高端技术产业或服务产业转型(其结果是迈入了

IT 产业时代）。不仅产业界，国家也力争实现这样的转型。

　　这一重视"轻小短薄"的倾向因 1980 年两伊战争爆发后引起的第二次石油危机，而进一步加速。伊拉克入侵伊朗南部的产油地区。为此，伊朗和伊拉克之间的战争持续了 8 年。这是美苏的"最后的代理战争"。说"最后的"，是因为苏联在那以后解体了。

　　在如此变化多端的形势下，英国撒切尔政府和美国里根政府几乎同时启动了"反凯恩斯政策"。缩小福祉政策，减少国家对基干产业的干预，降低税率。在英国，对一半的国有企业进行民营化；在美国，放宽了对航空业和卡车运输业的政策限制。即"增强民间活力""采取宽松政策"等。

　　这就是后期新保守主义者的所谓"新自由主义"。也就是相对于凯恩斯型"大政府论"而言的"小政府论"，在政治思想上是"新保守主义"。

诺贝尔经济学奖得主设想的机器人式个人主义
——新自由主义的问题点

玛格丽特·撒切尔于1979年作为保守党右派的代表就任首相。马上就有了"铁娘子"的绰号。这是苏联国防部机关报《红星》带有讽刺色彩最先叫的,撒切尔本人表示很中意,以后就被传开了。听听"铁娘子"的名言,就知道她的信念有什么特色了。

她说:"我不是追求意见一致的政治家,而是有信念的政治家。""意见一致存在着危险。那有可能去满足无论对什么都没有特定意见的人们。""不能通过削弱强者而以此增强弱者。"

她还说:"我没有一天不在斗争。""我并不认为达成共识有多么重要。因为那是浪费时间。""在政治方面,如果要征求意见,就去求男人;如果需要帮忙,就去求女人。""除了烹饪、育儿、打扫,人生还有更重要的事情。我不想一辈子都洗盘子。"

她还说:"即使把有钱人变穷,穷人也无法成为有钱人。""我的工作是为了防止英国走向共产主义。""欧洲源于历史，美国源于哲学。""没有核武器的世界，对人类来说，将成为更加不稳定、更加危险的世界。""我们的目标不应该是追求没有核武器的世界，而应该是追求没有战争的世界。""败北？我不知道这个词是什么意思。"

撒切尔呼吁一向依赖福祉政策的英国国民，要有更加自助和自立的精神、提高劳动积极性、不满于自己的定位就要努力。这就是"撒切尔主义"。

里根的经济政策被称为"里根经济学"。政府实施调整货币供应量的货币主义、战略防卫构想"SDI"，而且在"星球大战计划"中，一方面取得了成果，另一方面则把投机游戏传播到了全世界。

里根经济学的要点概括起来就是：①通过增加社会保障费和军事费而发展经济，建立"强大的美国"；②通过减税提高劳动积极性并促进储蓄的增加，提高投资积极性；③放宽限制，推动民间企业为"强大的美国"做贡献；④实施货币政策，诱导货币升值并抑制货币供应量的增加、降低通货膨胀。

把这些撒切尔主义和里根经济学的政策概括起来，称为"新自由主义""新保守主义""放宽政策"。这些说法来自弗里德里希·哈耶克、米尔顿·佛利民等经济理论学家们反对以前的凯恩斯理论而主张经济政策中的"自由的再生"。

这一学派最初属于创立于1947年的朝圣山学社，后来形成了芝加哥学派，其主张不是古典的"自由放任"，而是主张通过更加彻底的自由竞争机制实现市场的自由，才是"社会自由"和"个人自由"的基本。

也就是说，新自由主义思想跟市场原教旨主义的经济政策几乎是同义词。不仅如此，跟"个人主义"也几乎是同义词。

这里所说的个人主义不是单纯的个人主义，而是指新自由主义思想中的"理性选择理论（Rational choice theory）"。即用工具性理性解释个人有目的的行动与其所可能达到的结果之间的联系。而完全忽视弗洛伊德和荣格的"黑暗"，以及卡夫卡和加缪的"非中心"。假定个人无论何时都有上进心、有理性，是一种机器人式个人主义。

但是，如此有理性的人真的存在吗？我不这么认为。阿马蒂亚·库马尔·森在著作《选择，福利和衡量（Choice, Welfare, and Measurement）》（劲草书房）中对此做出了批判。

哈耶克和佛利民说，这保证了"社会自由"和"个人自由"。但是再仔细读一读，就会发现这是由彻底的市场竞争所带来的结果。也就是说，是将市场中的自由、社会中的自由、和作为个人的自由都重叠在同一个理论和政策中了。这只不过是把经济上的自由跟出于个人意愿的个人主义的自由结合在一起而已。

说得更明确一些就是，新自由主义近似于借着"自由"的名义却只为参与者服务的新博弈论。或者说，不过是只为美国主导的资本主义服务的"自由"。

既然如此，就必须思考："难道资本主义制度的目的是把世界变成同质资本主义吗？"或者，"难道这就是全球资本主义的真面目吗？"

资本主义各有不同

资本主义不可能只有一个。因地区、民族和国家不同,其性质和特征也有所差异。这是不言而喻的。一些学者指出,多种形态的资本主义是有可能的。

最有名的是法国经济学家米歇尔·阿尔伯特(Michel Albert)在著作《资本主义对资本主义》(竹内书店新社)中提出的三个资本主义。即"盎格鲁·萨克森型资本主义""线型资本主义""合成型资本主义"。

盎格鲁·萨克森型是指以短期视点为主的、重视决策和个人主义的英美型资本主义;线型是指以中期视点为主的、具有集团性的日德型资本主义;合成型是指把前两者组合在一起的资本主义。

C.H. 特纳(Charles Hampden-Turner)和冯斯·琼潘纳斯(Fons Trompenaars)在合著出版的《资本主义的七种文化》(日本经济新闻社)中,做了如下较为粗糙的比较分类。英国的资本主义是"把理性强加于人的资本主义、绅士资本主义和志愿者资本主义"三者的结合体。美国的资本主义是"以沉醉于胜利为目的的神话资本主义"。法国的资本主义是"随情绪的变化而变化的资本主义"。德国的资本主义是"试图用普遍性超越差异的资本主义"。荷兰资本主义是"调整个人与社会之对立的资本主义"、瑞典资本主义是"试图提升社会品质的资本主义"。与这些相比，日本的资本主义则是"边合作边竞争的充满矛盾的资本主义"。

这是充满了讽刺的分类。

更为严密的说法是，布鲁诺·阿马布尔（Bruno Amable）的《现代资本主义的多样性》（藤原书店）。他运用由青木昌彦开发的比较制度分析这一手法，对资本主义进行了分类。即"市场基础型""社会民主主义型""大陆欧洲型""地中海型"和"亚洲型"。其中，"市场基础型"相当于"新自由主义"。

此外，各种资本主义都是候选。但是，这些争论仅作为经济学家们的讲义就够了吗？因为会计制度已经是全球游戏规则了，如果在其应用方面，各国各民族能够发挥各自特性的话，就会形成文化人类学意义上的社会了。

而且，如果能那样分析或分类的话，是不应该把所谓优秀的资本主义制度强加给别国的。正如同文化不可以强加给别国一样。

因此，我们无法再找借口说好像把什么特别重要的事忘掉了。或者也许应该模仿野坂昭如说，还没有找回"失去的东西"。

本来，把资本主义制度看作"世界制度"基本模式的主张就是有问题的。在东方卷第2讲中，我提出过疑问："资本主义真的就那么高效吗？""人类所建立的制度中，资本主义是最好的吗？"我们回到这个话题。

确立资本主义模式的是英国。支撑这一模式的是三角贸易，再加上主张"大家都希望理性的进步"的社会达尔文主义。在此基础上，又加上美国所擅长的"为参与者胜出服务的优胜劣败战略脚本"，将新殖民地主义变成新市场并推广到了全球。但是，这样的资本主义，特别是以撒切尔主义和里根经济学为代表的"仅以胜利为目标的资本主义"所取得的成就中，残留着难以恢复的问题和无法挽回的问题。

新自由主义时代的结束
——现代社会的病症

丹尼尔·贝尔[①]有一本著作叫《资本主义的文化矛盾》(讲谈社学术文库)。他不是关注资本主义的经济原理,而是批判资本主义所带来的社会文化。作为社会学家,丹尼尔·贝尔尖锐地洞察到时代中被忘却了的部分。他曾任《财富》杂志主编,其见解敏锐,富有独到之处。

丹尼尔·贝尔于1960年出版了《意识形态的终结》(东京创元新社)一书,预言"傲慢的放弃"和"市民秩序的诞生"。又在1973年出版了《后工业时代的来临》(钻石社),使"后工业时代"成为流行词。他预言,若要从以工业产品为中心的时代的局限中摆脱出来,需要制定政策和愿景以超越①核武器;②人口爆炸;③发展中国家的经济快发展;④信息熵增多这四个挑战,这些几乎都被他言中了。

[①] Daniel Bell,1919—2010年,美国社会学家。

接着，丹尼尔·贝尔在1976年出版的《资本主义文化矛盾》一书中，指出了更为重要的几个问题。概括而言，他预言：如果世界这样下去的话，"政治""经济和技术""文化"这三个领域就只会分道扬镳了。

他说，这是因为政治只表明"公正"，经济和技术只追求"效率"，文化只描写"自我实现"或者"自我满足"。衡量标准完全不同。那么，这三个领域将因相互矛盾激化而陷入进退两难的境地。也就是说，三个领域的自由是分开而论的。

于是，丹尼尔·贝尔列出了当今社会所患的七个病症。以下是我的摘要：

①只把不可能解决的问题当作问题的病症；
②因议会政治陷入僵局而实行议会政治的病症；
③越取缔公共暴力、私人暴力越增加的病症；
④要实现地区的平等化，却反而扩大地区间差距的病症；
⑤发生人种之间和种族之间对立的病症；
⑥知识阶层被排除在知识之外的病症；
⑦不忘战争屈辱的病症。

这些都被他言中了。各项的例子分别有①环境峰会；②当今日本的政党政治；③在日本的家庭、学校和周围发生的猎奇杀人事件；④小泉内阁；⑤巴勒斯坦问题、波斯尼亚和黑塞哥维那问题、库尔德人问题等所有中东问题。

⑥是后现代的思想病。更直率地说，知识分子所拥有的知识被微内容化，被放在网络中，处于被选择的状态。也就是说知识分子被排除在自己的知识之外。⑦是在早一些时候到处都

蔓延的病症。现在则是"遭到恐怖袭击后，不忘屈辱的病症"。

丹尼尔·贝尔批判的并不是今天的资本主义本身。曾任巴黎大学教授的让·鲍德里亚①则更加敏锐地彻底剖析了资本主义的矛盾。

鲍德里亚在《物体系》（法政大学出版局）、《象征交换与死亡》（筑摩学艺文库）、《消费社会的神话与结构》（纪伊国屋书店）等轰动一时的著作中指出："市场中价值的等价交换难道不是早就不存在了吗？"

他并不是说，因为物与物通过过剩的货币而被交换，市场的力量就消失了。他说的是，在市场中，任何商品的价值适用于"供需平衡"，都因为有金融资本在发生作用，所以，在市场被交换的已经不再是商品原来的价值了。

鲍德里亚的主张中，比较有说服力的是："生产和消费为了制度本身的存续而被吞噬掉。"也就是说，银行为了维持自身而吞并银行，百货店为了保存自己而吃掉百货店。

这种事情在现实中早就发生了。举最近日本的例子，不管是三井住友银行还是东京三菱 UFJ 银行，只要是银行，都是一味地向着消除市场竞争力的方向发展。三越和伊势丹、松坂屋和大丸合并，是要降低市场中百货店之间自由竞争的可能性。虽然合并后的企业也许会胜出，但地方银行和地方的百货店等经济文化的多样性却被剥夺了。如果附近的大型超市里应有尽

---

① Jean Baudrillard, 1929—2007 年，法国哲学家，现代社会思想大师，后现代理论家。

有的话，当然商店街的店铺会关门，城镇的糖果屋会消失。

也就是说，许多资本主义国家中的多种制度不得不寻求"类似的疗法"。鲍德里亚所说的"生产和消费为了制度本身的存续而被吞噬掉"，正是如此。换句话说，无论什么企业、什么政党、什么团体，为了胜出都要装作"结构性穷乏"，这成为促进制度活性化的唯一手段。

这是很可怕的。就等于说，由新的"财富"所带来的多样性等等已经不再有了。

但是，与此类似的现象却不断出现。因为商品的市场民主主义被货币的国际民主主义所吞噬，某种均衡是由于某处的不均衡而不得不被消费的。

我在东方卷第 2 讲中，介绍过吉尔·德勒兹和皮埃尔·菲利克斯·伽塔利的合著《反俄狄浦斯：资本主义与精神分裂》。我曾说过，机器和欲望、资本主义和分裂症，分别是不可分割、浑然一体的"过于紧密的矛盾"。

在西方卷第 9 讲中，我以胡塞尔、海德格尔、卡夫卡为例，介绍了这样的看法。即个人要想感受到"和世界的联系"，最好不要以为，每个人本来就跟世界的中心有关系。不如说世界是"多中心"或"非中心"的，这样就会有新的发现。因此，才有了勋伯格的音乐和贝克特的文学。

这些假说、看法和表现，乍看起来都相当大胆，但有时需要这样大胆的视点。否则，我们就无法搞清楚出现在自己身上的症状了。

后来，出现了许多令人耳目一新的见解和主张。比如，提倡结构主义的克洛德·列维·斯特劳斯（Claude Lévi-Strauss）

在著作《忧郁的热带》（中公经典）和《野性的思维》（美篝书房）中说："要暂时脱离西方的知识。""因为西方的思维缺乏修缮能力。"他提出了"拼装能力（bricolage）"这一概念。拼装就是修缮，即编辑能力。

研究性爱倾向的学者乔治·巴代伊[①]在《内部体验》（平凡社丛书）和《有罪者》（现代思潮新社）等著作中主张，我们应该更加关注"非合理"的思考过程。现代社会过于担心黑暗，反而出现的净是"不必要的黑暗"。

今天，我们深深地陷入了信息资本主义和网络社会中。新自由主义者和新保守主义者大摇大摆的时期略显退却。进一步而言，世界从以欧美为中心，变成了亚洲、中东和南美等新兴经济体同时抬头，其中伊斯兰主义以大量的人口和特异的社会文化为背景，开始将世界的一部分缝合在一起。我在下一讲接着说。

---

① Georges Bataille，1897—1962 年，法国哲学家。

第12讲 互联网和伊斯兰主义的问题

既近又远的中东民众革命和互联网

田原牧有一本著作叫《茉莉花的残香》（集英社），是2014年度开高健纪实文学奖获奖作品。这本书阐述了被称为"茉莉花革命"的一系列"阿拉伯之春"运动的意义。作者希望了解"阿拉伯之春"，就前往当地采访，进而完成了这部感人肺腑的现场报告。田原牧还著有《中东民众革命的事实》（集英社新书）一书。这两本书同时读，中东的民众革命和互联网的关系等就跃然纸上。

2011年，3·11东日本大震灾和福岛第一核电站事故吼叫着席卷了一切。而在距离日本十分遥远的突尼斯，本·阿里总统逃往沙特阿拉伯，给独裁政权画上了句号。

事情的起因是，2010年12月，一个叫穆罕默德·布瓦吉吉的青年小摊贩在街头卖蔬菜和水果时，因没有执照而被城管没收了货物，还遭受了毒打和侮辱。他再三恳求城管归还没收的东西，每次都被赶出去，而且被索贿。为了表示抗议，他在市政厅前自焚。

他的堂弟赶到现场用手机拍下了事件发生时的场面，并在脸书上发布了这一视频。当天傍晚，半岛电视台^①对此进行了报道，消息立刻传播到各地，引发了罢工和示威游行。本·阿里政府随即下令管制媒体、镇压游行。然而，通过互联网的传播，民众的愤怒迅速扩散，各地民众相继举行示威游行，最后波及了首都突尼斯。

本·阿里总统发布紧急宣言。示威游行的民众不断高呼打倒政权、释放政治犯。结果，总统逃走了。持续统治了23年的本·阿里内阁就这样被轻而易举地摧毁了。在互联网上，人们把这一胜利用突尼斯的国花命名为"茉莉花革命"。

"茉莉花革命"由突尼斯波及邻国利比亚，导致了在利比亚统治几十年的卡扎菲下台甚至被杀。接着，埃及也受到了牵连。最初，在首都开罗的突尼斯大使馆前开始了反政府示威游行，接着，民众的示威游行就像燎原之火一样迅速扩大。于是，穆巴拉克内阁立刻下令屏蔽互联网、手机、短信，但是，推特公司和谷歌公司立即开始提供打电话发短信的服务，表示支持民众的示威游行。在任长达29年的穆巴拉克总统只得下台。

这些都是在2011年这短短一年内发生的"阿拉伯之春"。这一系列的"茉莉花革命"把"利用互联网的民众运动"或者"社交网站动摇国家"等信息传遍了全世界。

其中，在突尼斯，政府当局运营的审查软件要接收所有用

---

① 立足阿拉伯，面向全球的国际性媒体。

户的密码。对此，脸书首席安全官（CSO）乔·沙利文（Joe Sullivan）把访问脸书诱导至HTTPS服务器，通过键盘记录器确认本人身份以进行网络防御。这个消息不胫而走，未来的"茉莉花互联网"式革命令人期待，却不知什么原因，这一系列动向到此戛然而止。

比如2011年9月，在美国网络上的"占领华尔街"这一口号下，呼吁反全球主义的"占领运动"虽然开始了，却没有继续膨胀。田原牧写的《茉莉花的残香》中介绍说，在纽约的祖科蒂公园，召开了与阿拉伯民众联合的集会，被认为是轻易打出跟异国民众联合的旗号的机会主义。

关于这些内容，可以同时参考重信美的著作《"阿拉伯之春"的真面目》（角川书店）。

重信美是日本赤军领袖重信房子的女儿，生长在黎巴嫩，后来成为国际记者，主要追踪解读有关阿拉伯的事件。她父亲是巴勒斯坦的运动领袖，据说在同以色列的战斗中遭到导弹暗杀。这一经过在《秘密——从巴勒斯坦到樱花之国》（讲谈社）一书中有详细叙述。

中东民众革命与互联网，既有相似之处，又相差悬殊。津田大介从"茉莉花革命"感受到新气息，于2012年出版了《动员的革命》（中公新书La Clef）一书。这本书的副标题是"社交网站改变了什么？"这好像是跟田原牧写的《茉莉花的残香》的副标题"'阿拉伯之春'改变了什么？"相呼应的。然而，读后才知道，两者差异悬殊。

那么，如何理解中东民众革命与互联网呢？我认为这正是描述21世纪的"历史的现在"之捷径。

各位读者或许感到意外，其捷径的结点有三个。1991年1月发生了海湾战争。同年8月6日万维网发明者蒂姆·伯纳斯·李成功地上线了世界上第一个网站。同时，奥萨马·本·拉登指责沙特阿拉伯国王，为什么美军飞机可以肆意在沙特阿拉伯上空飞来飞去。这三个事件接踵而来，好像几乎同时发生。它们是如何相互记谱的，我继续讲。

人类与信息逐渐分离的时代
——互联网的诞生

马歇尔·麦克卢汉在 1964 年出版的《媒体论》(美篶书房)中所主张的,概括起来有两点:一是"媒体即信息";二是每当新媒体出现时,"文明和文化就被其媒体所形成的信息所俘虏"。

互联网是将麦克卢汉的预告以最惊人的速度和信息量向全世界传播的媒体。最初,电脑跟别的电脑相连接的唯一方法是,将主机和终端机之间一对一地连接起来,由主机对其进行控制。随后,系列数据通信的方法(把信息包装起来通讯的技术)被研制出来,高等研究计划署网络(ARPANET)、分布式数据处理网络(CYCLADES)、Merit 网络等分组交换网络纷纷被投入使用。

1982 年,互联网协议族即传输控制/网际协议(TCP/IP)研发成功并开启标准化后,将网络在全世界相互连接的"互联网"这一创意出现了。TCP/IP 的设计是将网际协议作为基本网络层，其上部是传输层，再上部是应用软件层的协议组合在一起的。

互联网成立的可能性一经确认，作为电脑相互连接系统的互联网，迅速出现了叫环球信息网（WWW）的服务，互联网立即风靡全世界。1960年，J.C.R.利克莱德预言说："用宽带通讯网相互连接的电脑网络，在提供像图书馆一样的性能的同时，会加速信息的格纳和信息的搜索等记号性能的进化。"利克莱德就任美国家防计划署（ARPANET）研究开发部长。

互联网所带来的，就是将麦克卢汉所说的"媒体即信息"反复了数亿次。互联网让"媒体在网络中连接信息"成为可能。

信息是在不断地被加工、被组合、被编辑，并流动于历史长河中的。但是，文字自两千多年前被发明以来，其信息编辑一直是通过模拟技术被操作的。

模拟的意思是，其信息编辑的过程总是由"人"来介入的。当然，"读书、写字、打算盘"是在人类所拥有的信息处理速度和信息保存容量的基础上发展而来的。

但是，数码技术的飞跃使得"读书、写字、打算盘"转变成高速的推理和演算、大容量的记忆和保存、自动显示能力等。而且，数码技术和电脑技术的紧密结合，使得几乎所有的信息被转换成数码记号，其大部分来往于互联网中。这是非同寻常的，具有划时代意义。互联网中流动着大量的信息，而人却不再介入其中了。

在此登场的是谷歌。谷歌成为绝对霸主，将"整合全球信息，供大众使用，使人人受益"这一宗旨提升到更高的层次。

特别是开发了独创的搜索引擎，以关键词搜索为中心，拥有22种搜索性能。虽然其基本技术基本上只是在网络页内中搜索出文字数据，然而，全世界的用户都被植入了"只要有谷歌，就能看到整个世界"这一全球感觉。同时，因为大部分信息页是按排名顺序显示的，所以，所有信息都被染上了"排行榜价值观"。

对于这一壮举，美国《连线（WIRED）》杂志资深记者卡莱夫·汤普森（Clive Thompson）说："硅片存储器使完美的记忆成为可能，这对思考是绝对大的恩惠。"希瑟·普林格尔（Heather Pringle）则大声宣布："谷歌带来的恩惠是，任何人都有可能从全世界的零零碎碎中获取利益。"这等于说"网络是福音"。

世界的现实、幻想的现实
　　——谁是作者？

　　如果说互联网是福音，那是因为人们相信"世界"是"网络"的同义词这一幻想。

　　但是，这怎么也不像幻想。连接互联网的电脑和智能手机，既是电视、书籍，又是新闻媒体，还是商店。有时还是金融。互联网在出入于其中的事与物中，一个接一个地注入了"现实"感，即使形式上是虚拟的。

　　这究竟是在向我们传达什么信息呢？

　　书籍和报纸是写有文字的纸张，让读者感受到一种"现实"。无论是小说还是哲学读物，要想从其中获得什么的灵感或感动，只有通过记录着小说和哲学的书中的文字。这跟互联网中只有电子文本（语料库）是相同的。

　　互联网中有音乐。以前，音乐是来自演奏会、唱片、激光唱机、乐谱等"外部"的。现在，相当数量的音乐曲目是存在于网络"内部"的。同样，"商品"和"意见"也都往来于网络内部。虽然全部是用数码显示的信息,网络却给我们带来了"世界的现实"。

这是圈套、骗局,还是"伪造的世界"呢?并非如此。如果互联网是骗局的话,书籍、唱片、电视、绘画、音乐也都是骗局。

即使如此,我认为,互联网带给我们的,跟书籍和电视让我们感受到的"幻想的现实"有所不同。难以产生真正的感动和共鸣。我这么说,不是因为网络至今没有出现相当于莎士比亚或近松门左卫门的网络艺术家。只通过网络展现的创造力至今仍没有登场。这确实非常遗憾。我不是说这有问题,因为那样的作品和样式将来有可能出现。

我要说的是,网络究竟会给我们的历史观和世界观带来什么,这是难以弄清的,让我感到有些莫名其妙。

上述的"互联网之父"蒂姆·伯纳斯·李在《科学美国人》杂志上说道:

我们所知道的网络存在着危险。支撑其成功的东西从最根本的部分开始一点点地崩溃。巨大的社交网站出现了,把网罗用户发布的信息囊括起来,隐藏在网络中。政府不管是网络的全体主义(即极权主义)的部分,还是民主主义的部分,都要对人们在线干着什么进行监视,这是对人权的威胁。我们网络用户对这种倾向置之不理、任其发展下去的话,不久,网络就会支离破碎的。

话如其人。蒂姆·伯纳斯·李还忠告说："网络的编辑不灵了。"他的意思是，网络本来应该更成功。那么，怎么办才好呢？他没有说。因为要消除这一危惧，需要启动自主编辑系统来取代政府和公共机构的监视。这是社交网站的运营主体应该做的工作，弄不好有可能与社交网站业务相抵触。

更重要的是，这里要认真思考的是，本来互联网是因"用户上传的内容"而成立的。这是理所当然的。这里所说的用户，包括作者在内。但是，这个理所当然的事情也是决定互联网真面目的难题。

只要是被数码化的信息，电脑就什么都能收纳。学术论文、小说、化学图版、记录映像等都可以。在不侵犯著作权的情况下，也可以通过电脑间的网络发收这些信息。这表现了"作者的内容成为用户的内容"。

以前，作者（author）写的文章，比如牛顿的《自然哲学的数学原理》，司马辽太郎的《坡上之云》，由编辑人员用红笔在原稿上修改，制成校样，经过作者的确认和订正后，送去印刷。装订好的书籍摆在书店等的书架上。流程大致如此。

书籍发行量是有限的，"卖出去才有赚头"。而且，这一流程本身是授权（authorize）过程，经过这一过程得到社会认知，则被视为权威（authority）。

但是现在，不管作者的著作是什么，都可能被电脑化，还有可能被在网络上公开。既可以收费，又可以免费。还能复制贴上。这和拷贝牛顿或者司马辽太郎的著作是一样的。

在互联网中，作者的内容被电子化、被登载、被收藏的这一流程，跟用户在网络上发布这一创作流程是完全相同的手续。在此，不需要编辑人员、印刷人员、装订人员。不仅如此，如果是书籍的话，要在书店购买、在图书馆借阅，其行为本身属于个人行为。而在社交网站中，其行为本身被设计成个人化服务（personalization）。

社交网站内有叫个人化服务（对个人进行客制化）的信息过滤。因此，即使用户说"自己读了什么"，也被看作自己个人的授权，在社交网站一方看来，就等于获得向你推荐"下一个应该读的"之线索。

谷歌能根据57种信号登入以及浏览器动作进行推理。搜索过程中总是发生用户化或个人化。水管（YouTube）有一个功能叫"Leanback"，连接视频后，能够从流出（PUSH）和流入（PULL）两侧看视频。网飞（Netflix）利用叫"CineMatch"的推算引擎，根据用户看的第一个电影标题，用邻近算法（kNN演算法）来推测该用户下一个看什么好。

这确实十分方便。这样的话，下一个购物和阅读就容易选择了。选择下一个电影也简单了。用户的创作回路本身被积蓄下来，再加上其他大量用户的倾向经过统计处理，就跟以前的"读书""购物""看电影"完全不同了。

有关互联网全球化的 8 个悬念

至于在不受任何干扰的情况下使用互联网,这在今天已经是不可能的了。在此,机器学习、人工神经网络、协同信息过滤、数据挖掘等术语纠缠不休,处于各种各样的"过滤泡沫"状态中。蒂姆·伯纳斯·李所担心的就在于此。

现在我们被这样的互联网所包围着,那么,究竟如何感知"世界"、如何思索"自我"才好呢?这个问题令人难以回答。有人说:"不要想得那么复杂,好好用就行了。"这可能是最稳妥的想法。我要特别介绍一下 8 个悬念。

第一个悬念。在互联网中,只要用户是网络的利用者,就会立即得到一个具有社会性的 IP 地址。这相当于用户的标识符(ID),即身份证明。接入互联网时,需要使用搭载互联网协议技术的网络终端机,经由互联网服务供应商连接,才能实现。这就是说,用户必须在什么地方被统辖管理。

被管理的不仅是标识符(ID),实际在网络上访问的所有行为及其信息内容都被记录于外部存储器中。像雅虎拍卖或脸书一样，将此作为商品的媒体并不少见。因此，互联网用户会感到自我意识总是被深挖，还会感到，自我意识与其说属于自己，不如说归属于网络。这一点怎么看？

第二个悬念。互联网容易受到黑客攻击，还容易感染病毒。也就是说，利用网络就等于宣告自己跟全世界的感染途径同居一样。那么，怎样预防呢？是"电子洗手"或"数码漱口"吗？无所适从。

第三个悬念。谷歌 CEO 埃里克·施密特说，如果要把从人类诞生到今天的所有沟通都记录下来，就需要约 50 亿 GB。这相当于仅两天的互联网信息数据流量。可见，互联网信息流量规模之庞大，而且极为过剩，过于高速。无论何种快乐，如果变得极为过剩、过于高速，人们的知觉阈值（threshold）就会变得很奇怪。比如，痒处是要挠一挠的，然而挠得太厉害，就会感到疼。

第四个悬念。经由互联网传播的信息数据规模极为庞大。这为利用互联网的企业和自治体提供"大数据"。他们手中掌握着大量数码信息。比如网络用户的医疗信息、购物信息、与通信对方的亲密度、消费倾向、单语搜索倾向等等。

但是，大数据的记录是带有标记的，以识别信息原来储存在哪一个纵列中，然后，经由电脑的信息会找到各自的分类而被收藏。大数据中涌入了大量叫"非结构化数据"的难以自动分类的信息。其中，或具有某种感性，或跨现有分类，产生乖离。现在，互联网已经进入了大数据时代，像现在这样由大数据用现有手法去解析的话，社会动向或市场动向就更容易被数据分析师们误导为有偏见的结论了。对这一悬念，怎么办好呢？

第五个悬念。如上所述，现在的社交网站成为"过滤拼图"状态。对应用互联网来说，信息过滤（特别是协调信息过滤）是不可缺少的技术。但如果信息过滤跟个人化的利用目的相重叠，用户就会面临进退维谷的风险。接着，就像在不知不觉中陷入"新自由主义"那样，"大家都做理性选择"这一俗不可耐的社会观会蔓延开来。这一点怎么看？

第六个悬念。互联网这一媒体是否为真正的思维能力和直观能力做贡献，对此，我有疑问。我认为互联网会引起阅读能力下降。这可能是因为在人类历史中，利用双方向媒体进行沟通的经验还积累得不够。但是，正如具有敏锐洞察力的媒体人尼古拉斯·卡尔在著作《互联网如何毒化了我们的大脑（Shallows: What the Internet Is Doing to Our Brains）》（青土社）中所强调的那样，显然网络用户们"不会读书了"。

这个悬念是互联网的动作和知识刺激的关系不能积极有效地促进"脑的可塑性"。用户不可能像迷恋于钢琴或网球一样，把精力集中在互联网上。

第七个悬念。究竟"网络自我"会发展成什么样子？任何自我意识都有很大一部分是从与他人的关系中学到的，而且因没有自信的类推或猜测而烦恼，进行自我意识的巡游。特别是，社交网站用户为解消这种"网络自我"的迷惘而过于倚赖网络，所以总是处于被"富有的自我"蹚掉的状态。另一方面，还有可能得一种病，只有在网上发表言论时，出乎自己所料地把"网络自我"变得高大上。如果再加上日益进化的"人工智能（AI）"，网络中的"意识"动向将更加引人注目。

个人有"知道的我"和"被知道的我"的两个层面，这两个"我"以松弛的关系抱在一起形成了"我"。互联网让这两个自我靠得太紧密了。

第八个悬念。互联网这一媒体今后会带来更多的"茉莉花革命"吗？作为"宣传媒体"，没有比互联网更加高速的了，也没有比互联网更加接地气的了。但如果说有志于社会变革，那么，"维基解密"的朱利安·阿桑奇是做得最彻底的。而对信息和知识的什么部分，如何进行"解读"则是个疑问。要想对世界进行根本的"解读"，还需要在互联网的什么地方建立根本架构。

此外还有几个悬念，暂时就介绍到这里。我认为，互联网中需要增加更适用于 21 世纪世界形势的新设计理论。

在本书中我多次提到，当今社会过于多样复杂，难以用以前的"自由""民主""国民"等概念来衡量。如果用以前的新殖民地思想或博弈思想来衡量的话，就有问题了。同样，如果说互联网反映了迄今为止的世界观，那么，在某处发生了扭曲。我认为，尤其需要能够进出于阿拉伯社会所拥有的价值观的设计理论。

下面，我来讲一下伊斯兰主义带来的"历史的现在"这一问题。

中东的现在
——从入侵阿富汗到塔利班

我非常喜欢山田洋次导演的系列电影《寅次郎的故事》。故事的套路是一成不变的，总是纯情可爱的寅次郎跟他的梦中情人打得火热，结局总是寅次郎伤心失望。电影描写"日本人之间微妙的人情世故"，令人伤感，扣人心弦。

电影中，有时出现寅次郎语气怪怪地说硬话的场面。在"寅家"的起居室，大家都吵吵嚷嚷的，突然有人对寅次郎说了句什么。于是，寅次郎立即回应道："那句话一出口，就完蛋了。"

一超越底线，就露骨了。用寅次郎的话说："我跟你的关系到此为止了。那是行不通的。"说完就一拍屁股走出家门。就是说，即使知道"那句话"是什么，也要藏在内心深处。

世界上有很多事情是"那句话一出口，就完蛋了"。2006年世界杯足球赛决赛中，法国队英雄齐达内用"铁头功"将意大利队的马特拉齐撞倒在地，遭红牌出场。我看了电视的实况转播，就在临到规定时间前，马特拉齐说了句什么，齐达内立刻把头撞了上去。第二天各媒体大肆报道。因齐达内后来一直保持沈默，真相不得而知。我猜想是马特拉齐的话侮辱了齐达内。

在大马士革大学和安卡拉大学研究欧洲和伊斯兰关系的内藤正典在著作《伊斯兰的愤怒》（集英社新书）中说，齐达内出生在阿尔及利亚出身的穆斯林家庭，马特拉齐有可能骂齐达内一家人是"恐怖分子"了吧。

2001年发生"9·11"恐怖袭击事件后，媒体每天都在报道伊斯兰激进派的自杀式恐怖袭击事件和暴行。说到伊斯兰，就是伊斯兰原理主义；说到伊斯兰原理主义，就是伊斯兰激进派；说到伊斯兰激进派，就是恐怖分子。

但是，这样的看法让伊斯兰变得十分露骨。因为伊斯兰的古代史和现代史都非常复杂，而且以中东和西亚为舞台发生的事情，跟上述的欧洲型国民国家的历史有着相当大的不同，具有强烈的民族性和宗教性。所以，只看到最近伊斯兰激进派的动机和行动，就照本宣科地发表见解，则没有任何意义。至于说"9·11"恐怖袭击事件是"报复"美国的行为，简直是胡言乱语。

"9·11"发生的背景是，美国在海湾战争中直接介入中东。奥萨马·本·拉登对美国的"那种事一做出来，就完蛋了"的宿怨，因此策划了"9·11"恐怖袭击事件。而美国为什么发动海湾战争才是重大问题。

我就从这个话题说起吧。1979年苏联入侵阿富汗，建立了亲苏政权。为维持这一政权，苏联军队迟迟不肯撤走。那么，为什么花了10年，戈尔巴乔夫才宣布全军撤出阿富汗呢？

1979年，阿富汗总统阿明实施军事独裁，甚至扬言要排除共产主义势力，为此，苏联的勃列日涅夫派兵入侵阿富汗。于是，苏联支持亲苏的人民民主党建立共产主义政权，并为支持这一政权把军队驻扎在阿富汗。与苏联的这一系列动作几乎同时发生的是，在伊朗爆发了由霍梅尼（什叶派最高圣职者）领导的"伊朗伊斯兰革命"。以此为契机，伊斯兰民族主义高涨，并蔓延到阿富汗，在阿富汗开始了反政府活动。

伊朗伊斯兰革命的起因是美国袒护沙阿（当时的伊朗君主）穆罕默德·礼萨·巴列维。在巴黎流亡的霍梅尼是1979年回国的。就在同一时期，苏联入侵了阿富汗。

看到苏联在阿富汗建立亲苏政权，时任美国总统吉米·卡特立即跟巴基斯坦联起手来，向阿富汗反政府势力提供武器，煽动反政府游击战。这一作战是美国中央情报局（CIA）策划的，名叫"旋风行动"。

反政府势力自称"圣战者"，开展游击战抵抗苏联军队和亲苏政权。当时出现了几个游击组织，其中就有阿卜杜拉·优素福·阿扎姆和奥萨马·本·拉登。

苏联对此感到棘手。戈尔巴乔夫就任总统后，宣布从阿富汗完全撤兵。苏军撤出后的阿富汗一片混乱，圣战者各派开始争夺领导地位。其中，巴基斯坦三军情报局支援的组织"塔利班"势力增强。那时的塔利班主要以作为巴基斯坦军队后盾的普什图族人为中心。塔利班的普什图语意思是"伊斯兰教的学士"，主要由阿富汗难民营伊斯兰神学校的青年学生和教师（圣职者）组成。

不久，塔利班得到巴基斯坦、沙特阿拉伯、阿拉伯联合酋长国的承认，取得政权。于是，其余的圣战者各派建立北方联盟（全称为"争取拯救阿富汗联合伊斯兰阵线"）以对抗塔利班。内战爆发。在武装派之间的斗争日益激烈之际，奥萨马·本·拉登成立了军事武装"基地组织"，建立兵营，训练圣战战士。

除了阿富汗以外，在中东的另一个角落也燃起了战火。伊拉克入侵科威特，小布什总统代表美国宣战。这就是"海湾战争"。

被改写的阿拉伯伊斯兰"集合的记忆"
——海湾战争

1990年8月,在萨达姆·侯赛因的号令之下,伊拉克军队入侵邻国科威特,单方宣布吞并科威特。而要推翻萨达姆·侯赛因内阁的美国小布什内阁则期待着伊拉克因得意忘形而失败。

但宣战是要名正言顺的。11月,联合国安理会通过了第678号决议,要求伊拉克立即无条件撤出科威特,并授权多国部队以武力手段促使伊拉克遵守安理会决议。第二年1月美国派军前往沙特阿拉伯。对此,英国、法国、沙特阿拉伯、埃及、叙利亚等34国纷纷表示响应并宣战。1月17日,沙漠风暴行动打响,多国部队开始轰炸伊拉克。由此,形成了第二次世界大战以来最大规模的军事合作。这就是20世纪最后的而且是规模最大的战争——"海湾战争"。

海湾战争被阿拉伯历史学家巴赫迪·埃尔曼德拉(Mahdi Elmandjra)巧妙地命名为"第一次文明战争"。

"文明战争"一词来自塞缪尔·亨廷顿的著作《文明的冲

突》（集英社）。亨廷顿受到汤因比的影响，把当今世界划分成"欧洲文明、中华文明、日本文明、伊斯兰文明、印度教文明、东方教文明、拉丁美洲文明、非洲文明"等八个文明圈。他预言，这些力量不断激烈交锋，比如出现"西洋对西洋""西欧文明对伊斯兰和儒教文明"等局面，终将造成更大冲突。

但是，海湾战争与亨廷顿的预言不同，是"美国对伊斯兰"。

阿拉伯语"唱念"一词在圣典《古兰经》中出现了265次。意为"记忆"。据说是由意为"引用、记录、回忆、记忆"等动词"zakara（音译）"派生而来的。

对阿拉伯伊斯兰社会来说，放弃"唱念"就等于放弃神。仅在第二次世界大战以后，阿拉伯伊斯兰社会就发生了278次武装冲突，伤亡人数多达5000万人。其中，仅中东战争就发生了五次。

因此，"唱念"不但不能忘，而且应该是忘不了的。唱念是阿拉伯伊斯兰的"集合的记忆"。

但是，这一唱念正在被外部势力所涂改。因此，真实的记忆和虚伪的记忆变得错综复杂。民族和宗教所拥有的本来的记忆也出现了裂缝。在第10讲中，我介绍了"英国的错误"，其中有"麦克马洪·侯赛因通信"、《赛克斯·皮科协定》《贝尔福宣言》这三个可疑事件。从那时起，外国势力就开始企图对中东各国进行"改写记忆（唱念）"。

即使如此，在埃及总统纳赛尔的强势领导下，阿拉伯伊斯兰社会曾一度尝试成为针对欧美世界的第三轴。然而没过多久，中东的石油被发现是取之不尽用之不竭的。因伊朗伊斯兰革命而确立的伊斯兰主义被看作新势力。美国意识到越南战争的举步维艰使其亚洲战略变得困难，而把视线转向中东。于是，事态发生了转变。欧美要撬开阿拉伯伊斯兰"唱念"的巧妙企图，逐渐暴露出来。

无论在什么样的时代，都会发生围绕世界秩序争夺霸权的斗争。美苏对立结束以后，美国力争当"新世界秩序"的霸主。尤其在小布什总统执政期间，美国企图掌握世界霸权，把世界各国以及各种势力分成"正义"和"邪恶"，并以惩治邪恶为目标。

邪恶的国家被称为"流氓国家"。随即，伊拉克、伊朗、叙利亚、利比亚、苏丹、古巴、朝鲜（现在，古巴和伊拉克被排除在外）等被列入其中。小布什特别把其中的伊拉克、伊朗和朝鲜叫作"邪恶轴心"。由此，萨达姆·侯赛因成了邪恶的牺牲品。

本·拉登是如何对抗的
　　——9·11发生前夕

　　在所谓"正义战争"的海湾战争期间,仅在一周内所扔炸弹的破坏力就相当于广岛原子弹的5倍。两星期后,用相当于其15倍的轰炸使伊拉克遭到毁灭性的打击。巴赫迪·埃尔曼德拉(Mahdi Elmandjra)把海湾战争称为"第一次文明战争",认为这是阿拉伯伊斯兰社会和欧美世界以"文明"为赌注而发生的第一场战争。

　　但是,站在本·拉登的基地组织一方来看,与其说海湾战争是文明战争,不如说是美国的鲁莽之举、是祖国沙特阿拉伯的背叛。尤其是沙特阿拉伯向美国空军提供军事据点,并允许美军轰炸机在领土上空飞行。这实在太露骨了。

　　奥萨马·本·拉登是沙特阿拉伯建筑富商之子,因行为放荡被逐出家门。在伊拉克入侵科威特之际,本·拉登向沙特阿拉伯国王法赫德提议利用圣战者保卫王国。但是,国王把王国的防卫委托给美国,而且允许美国军机在沙特阿拉伯上空横冲直撞。而对拥有麦加和麦地那的伊斯兰来说,沙特阿拉伯是最为神圣的。这改变了本·拉登的行动战略。

首先,苏丹向本·拉登发出了邀请。在苏丹,1989年奥马尔·巴希尔发动了军事政变,哈桑·阿卜杜拉·图拉比领导的全国伊斯兰前线(NIF)曾是核心,但美国把苏丹列入"支持恐怖主义国家"的黑名单。接到苏丹的邀请后,本·拉登立即以苏丹为据点整顿阵容,成立建筑公司,修建高速公路和国际机场,开展农产品出口和银行业务,其企业集团雇佣了数千名阿拉伯义勇兵和原圣战者。

本·拉登的动向当然被美国所掌握。美国向传闻本·拉登制造化学武器的苏丹工厂发射了导弹,还攻击了据说培训恐怖分子的阿富汗贾拉拉巴德近郊的基地。由此,拉开了美国对本·拉登的战斗序幕,双方力量极其悬殊。据说那时美国已经下令暗杀本·拉登。

1993年2月,在美国发生了世贸中心爆炸事件。以后,各地接二连三地发生了反美恐怖事件。反美运动本身并不少见。在日本,1960年发生了反对《日美安全保障条约》的国民运动,反美游行示威高涨。在南美,以被强加了新自由主义经济政策的委内瑞拉为首,各国都发生了反美运动。但是,发动恐怖袭击的反美行动,世贸中心爆炸事件是第一起。

虽然这些反美恐怖事件不管大小都被认为是本·拉登在背后操纵的,但当时本·拉登否认与自己有关。1996年,本·拉登发表"圣战宣言",呼吁对美国及其同盟国展开圣战。又在1998年发表声明,鼓动"对世界每一个角落的美国人展开攻击是所有穆斯林的个人义务",并成立"国际伊斯兰战线",宣告:"美国及其同盟国在巴勒斯坦、车臣、克什米尔、伊拉克屠杀伊斯兰教徒。我们穆斯林有权力对美国进行报复性攻击。"

本·拉登或许是因为"唱念"被侵犯才决心对抗的。2001年9月11日，经过周密策划，由圣战战士执行了史无前例的"9·11"恐怖袭击事件。

遭到劫持的四架民航班机中，美国航空11号班机撞入纽约世贸中心北座大楼；联合航空175号班机急转弯撞入世贸中心南座大楼；在弗吉尼亚州阿灵顿，美国航空77号班机撞入五角大楼（美国国防部）总部大楼；第四架飞机——联合航空93号班机被认为瞄准白宫或美国国会大厦，坠落在华盛顿西北方向240公里处。

从此，全世界迎来了21世纪全新的"无预告屠杀的世界剧场"。

"9·11"恐怖袭击事件发生时，我跟员工正在西麻布的一家饭馆里吃关东煮。编辑工学研究所的涩谷恭子打来电话说："松冈先生，在美国发生了重大事件，听说伊斯兰激进派闯进了纽约。"我感到莫名其妙，一回到家就马上打开电视。当时那种心如刀绞的感觉至今记忆犹新。

本书到此讲了在世界上发生的各种历史事件，要想把这些变成自己的"历史中的现在"，还是需要努力学习的。但是，当各种媒体几乎同时报道这个"9·11"恐怖袭击事件的时候，不管我怎么调动自己的知识和感情，都觉得不够。

可以说，海湾战争和"9·11"恐怖袭击事件，"大笔改写"了我的编辑式世界观。尤其是自杀式恐怖袭击事件的骇人场面强烈地冲击了我的历史观。

恐怖分子们的多样性
——伊斯兰激进派

  自杀式恐怖袭击事件（suicide terrorism）并不是单纯的自杀。既瞄准对方，又是具有攻击性的自爆。而且是为了战争或战斗而选择的、起决定性作用的破坏战术，是预见自己爆炸（suicide bombing）的自杀式攻击（suicide attack）。

  还没有人对这种自杀式恐怖袭击事件进行系统性的历史研究。日本人也许马上会想到太平洋战争中的"神风特攻队"（神风特别攻击队），而那场作战只不过是一时性的。有记录说，在德国军队于1945年4月对苏联做最后攻击时，35名飞行员为打击敌军并破坏铁桥而驾机冲撞下来，那是一次性的。据记载，在第二次世界大战期间，越盟（越南独立同盟会）组织"敢死队"（death volunteers）带着炸弹冲向法国军队。

  这些都是一次性的。而现在我们时常在新闻报道中看到的自杀式恐怖袭击事件则是连续的、是由伊斯兰激进派各派选择的战术。那么，这种战术是从什么时候开始明确的呢？

我认为，也许1983年4月18日贝鲁特的美国驻黎巴嫩大使馆遭到真主党袭击爆破（真主党否认涉嫌）是众目所见的开端。

真主党是1982年黎巴嫩人为了抵抗以色列侵占该国南部，而成立的什叶派武装组织。黎巴嫩最具影响力的什叶派宗教学者穆罕默德·侯赛因·法德拉拉在树立"反击以色列、消灭美国在黎巴嫩的势力、实现黎巴嫩国家的伊斯兰化"这一旗帜后，策划了各种恐怖活动。最初，是把伊朗提供的火箭弹射向以色列，后来，转向了自杀式恐怖袭击的作战。

在斯里兰卡，被称为"泰米尔猛虎"的泰米尔伊拉姆猛虎解放组织（LTTE）的代表战术就是自杀性爆炸袭击。这最初是在僧迦罗族同泰米尔族之间的民族纠纷中发生的自杀式恐怖袭击事件，相当过激。

但是，把炸弹缠在腰部、腹部或大腿部，把自己变成人肉炸弹开车冲向人群，以"神的名义"按起爆开关。这类自杀式恐怖袭击事件频繁发生，是在"9·11"以后。

现在，许多伊斯兰激进派被欧美列入"恐怖事件组织"黑名单。正式名称姑且不论，用通称列举如下：

塔利班（阿富汗）、真主党（黎巴嫩）、阿迈勒运动（黎巴嫩）、久游斯伊（音译）集团（约旦）、ISIL（伊拉克·叙利亚）、基地组织（多国型）、"伊斯兰国"（叙利亚·多国型）、土耳其·真主党（土耳其）、库尔特·真主党（库尔德斯坦）、乌兹别克斯坦·伊斯兰运动（乌兹别克斯坦）、伊斯兰复兴党（塔吉克斯坦）、大东方伊斯兰砲击战线（土耳其）、博科圣地（尼日利亚）、伊斯兰辅助者组织（ANSAR AL-ISLAM）（伊拉克）、和平卫士团（伊拉克）、卡哈内·哈衣（以色列）、伊尔贡（以色列)、哈马斯(以色列·巴勒斯坦)、阿克萨烈士旅(以色列·巴勒斯坦)、埃及伊斯兰圣战团(埃及)、伊斯兰马格里布基地组织(阿尔及利亚)、伊斯兰敢死队(伊朗)、伊朗人民圣战者组织(伊朗)、印度圣战者(印度)、巴基斯坦塔利班运动(巴基斯坦)、回教祈祷团(印度尼西亚)、阿布沙耶夫组织(菲律宾)、莫洛伊斯兰解放阵线(菲律宾),等等不胜枚举。

伊斯兰激进派在9·11以后是如何进行恐怖活动的,这里暂且不谈。总之,是极其骇人、极其残忍、极其过激的。

特别是逊尼激进派对什叶派的攻击、对穆斯林进行的不加区别的恐怖事件,塔利班炸毁巴米扬大佛,"伊斯兰国"(IS)破坏众多历史文化遗址等等,这些都远远脱离了被称作"圣战"的伊斯兰恐怖活动的正当性。教唆儿童进行自杀式恐怖袭击更令人发指。这些既显露出阿拉伯伊斯兰社会的丑恶矛盾,又否定了本来的伊斯兰主义。更为重要的是,作为反美主义的恐怖事件在一定程度上得以控制后,恐怖分子则把矛头指向了伦敦的地铁、法国的媒体、北非的度假地,而"历史观的全貌"则渐渐模糊不清。

为什么会变成这个样子呢?我的思考还不够深入。在这里我要说的是,所有一切都浓缩在"Ikhtilaf(法学者们在见解上的差异)"这一词汇中。

Ikhtilaf的阿拉伯语义为"差异"和"区别"。换个说法就是多样性的包容。Ikhtilaf的意思是,希望阿拉伯伊斯兰社会成为开放且多元的社会。在阿拉伯伊斯兰社会,在重视"唱念"

的同时，一直非常重视 Ikhtilaf。

由此，即使有什叶派和逊尼派，或者存在少数派，也没关系；即使遮脸的面纱在不同的国家、民族和地区分别被叫作波卡、希贾布、尼卡布，也没关系；即使存在一些信仰形态的不同，或者政府或政权不统一，也没关系。

本来在伊斯兰社会中是提倡宽容主义的。比如，在伊斯兰教信仰所浸透的地区，信仰其他宗教的集团只要缴纳人头税就可以居住在该地。有一些教派允许一夫四妻。这与近代欧洲所确立的国民国家思想相差悬殊。

这些在伊斯兰社会成了含糊不明的前提。于是，就容易发生异种杂交。虽然在各派中混入了阿拉伯激进主义、伊斯兰原理主义、反美主义等，但如果各派势力具有各自的独立性，那么，其 Ikhtilaf 可以原封不动地推广到阿拉伯伊斯兰社会的这一见解就有可能被接受。

与其极为不同的是，近代国家是建立在民主主义的规则之上的。

但是，伊斯兰社会的内部孕育着"唱念和 Ikhtilaf 的种子"。在伊斯兰教徒中，约八成是逊尼派，剩下的大部分是什叶派，而什叶派的大部分则是伊朗人。信仰地图是重叠在一起的。那又怎么样呢？彼此之间恪守着一个底线，那就是"那句话一出口，就完蛋了"。

至于更深层的部分，则是日本人难以理解的。阿拉伯人一直共享"语言""文字"以及"安拉的宗教"。正因如此，需要包容各地区、各民族、各部族的 Ikhtilaf 的多样性。这或许是与欧美型国际社会包容近代国民国家各自的多样性相匹敌的。

所有的世界史都始于阿拉伯
—— 因网络和世界而镜像化的时代

阿拉伯伊斯兰社会,西从北非洲的大西洋岸,东到巴基斯坦的印度河西岸,北至土耳其的安纳托利亚半岛及高加索山脉附近,南到阿拉伯海和印度洋沿岸,还有黑海和里海周围的中亚各国,加上印度尼西亚和菲律宾的半岛和群岛,覆盖着辽阔的土地。

还有,西部是利比亚沙漠、努比亚沙漠、叙利亚沙漠、内夫得沙漠、鲁卜哈利沙漠、安那托利亚高原、伊朗高原、戈兰高地、卡维尔沙漠、卡拉库姆沙漠、克孜勒库姆沙漠、塔里木盆地等广阔的干燥地带。牵着双峰骆驼的队商和山岳民族来来往往。

如此广大的区域是无法用意思含糊的"中东"一词所能概括得了的。在第10讲中我讲过,中东这一地理术语的诞生,是以前英国海军把离本国较近的加油站——赛普勒斯岛称为"近东"(后来成了奥斯曼帝国的统治地区);把也门的亚丁港称为"中东"(后来成了伊朗和阿富汗);把印度洋以东称为"远东"（印度、东南亚、东亚）。其中"中东"指的不过是站在欧洲的角度看世界地图时，所看到的欧亚大陆下方的"正中央"。"中近东"是指从西亚到北非的地区。这是第二次世界大战期间、英国军队的地缘政治学军事战略术语。

那么，在如此广阔的地区都发生过什么呢？用一句话来概括，就是"所有的世界史都发源于此"。

众所周知，在这一片辽阔的大地上发祥了埃及文明、美索布达米亚文明、印度文明。随后，叙利亚成为沙漠和荒地的一大交易中心，为亚述帝国、新巴比伦王国、古代波斯（阿契美尼德王朝）、亚历山大帝国和古罗马带来了繁荣。遭到"伊斯兰国"（IS）破坏的沙漠中的巴尔米拉遗址，在2世纪至3世纪，曾经是该地区最大的贸易中心。后来被大马士革所取代。

继叙利亚之后繁荣起来的是黎巴嫩地区。这里居住着腓尼基人，使用黎巴嫩杉木建造的船只来往于中东和地中海。以黎巴嫩商业圈为背景受到关注的是，以前叫迦南，后来被称为巴勒斯坦（非利士人的土地）的"犹太人的土地"。这里诞生了唯一神耶和华（Yahweh）这一信仰，在大卫王统治时期，建立了以色列王国，建都耶路撒冷。于是，犹太教和犹太人登上了世界历史的舞台。在其一个角落的伯利恒，耶稣诞生了。以后，逐渐形成了基督教。请参考我的著作《写给17岁年轻人的对世界和日本的见解》（春秋社）。

但是，"中东"的犹太人流散（离散），迫不得已在该地区流浪。那以后出现的是操着商业语言的阿拉米人。他们使用的阿拉米语后来成为古代波斯帝国的官方语言。

但是，阿拉米社会只重视商业，缺乏信仰的力量。于是，出现了"有信仰的商队"，取代阿拉米语而使用阿拉伯语。

在不毛之地——沙特阿拉伯，穆罕默德崭露头角，这正是伊斯兰社会史的开端。最初是驮商的宗教把绿洲和绿洲连接在了一起。

上述阿拉伯伊斯兰的古代史中发生的事件，证明了世界史是从西亚或中东开始的。同时，当今伊斯兰激进派的几乎所有活动都忠实地再现了古代中世纪的"阿拉米－阿拉伯－伊斯兰"这一变迁过程，暗示了其中存在的新"历史中的现在"的再现。

然而，与以前的《圣书》和《古兰经》所不同的是，今天又加上了一个新的信息网络。那就是"互联网"。我在本讲的前半部分指出，当今的互联网吞下了世界史，甚至对世界秩序具有一定的影响力。"网络"与"世界"孕育着重大的课题，并逐渐走向镜像化。

那么，伊斯兰社会和西方社会是如何挂钩、展示着怎样的世界形象呢？

也许是因为互联网的巨大影响力和伊斯兰主义的非西方世界观及价值观刚刚开始交错，遗憾的是，两者还没有能够进行充分的相互记谱。我在本书中要指出的是，这两者史无前例的邂逅将改变世界的未来。

第13讲 历史认识问题与如何讲述日本

对日本来说冲绳是什么

最近,我几次走访了冲绳和宫崎。两地虽然相距很近,历史却完全不同。

我去冲绳是为了给琉球新报社主办的论坛做讲演。论坛结束以后,我去参观了宜野湾的普天间基地。普天间和嘉手纳基地并列为美军在冲绳的最大据点,驻扎着美国海军主力部队,承担并支援现有全部型号飞机的起降,却被称为"世界上最危险的机场"或"世界上最危险的军事基地"。

美国军用飞机坠落事故、美国士兵或军属的强奸案屡次发生,对当地居民造成威胁,要求归还美军基地的呼声高涨。基地搬迁被列入议事日程,但困难重重。在搬迁到县外、搬迁到关岛、搬迁到边野古等几个选项中,虽然迁至边野古这一提案被选中,但抗议运动高涨,没有太大进展。

我在美军基地转了一圈,亲眼目睹了鱼鹰战斗机后,还去参观了太平洋战争期间发生过激烈战斗的战场。那就是普天间。以前这里埋有许多哑炮,在这个意义上讲,这里也是危险之地。我站在冲绳战旧址，仿佛悲鸣一直在耳边回荡。

对日本来说，冲绳到底是什么呢？在此，我只介绍精华部分，以下五个要点请铭记在心。

第一，冲绳从古代到幕末①一直是"琉球"而不是"日本"。

自12世纪中叶起，中山王国统一主要岛屿的御城，建立了琉球王国。14世纪，接受了明朝的"册封"。我在东方卷第4讲介绍过，册封是向中国尽朝贡之仪，遵守并服从华夷秩序，以求稳定。中国对册封对象表示一定的尊重。这使得尚氏的王国（琉球尚氏王朝），特别是在尚真王统治时期，福州、马六甲、爪哇之间的贸易走向繁荣。也就是说，在琉球王国既没有天皇和征夷大将军，也没有公家和武家。

第二，与日本的神祇信仰略微不同的是，在冲绳，以女性为尊的信仰根深蒂固。

这一信仰认为，大海彼岸有作为常世（意为永远不变的神域）的理想乡，守护女性的妹神受到崇拜，被称作祝女或巫女的好像祈祷师一样的女性们侍奉最高神女——闻得大君。现在如果去在各地保存的御岳（琉球信仰的祭祀设施）或先岛（久高岛、宫古岛、石垣岛），仍会领略到琉球独特的神圣庄严的气氛。这里没有天照大神和建速须佐之男命的记纪②神话体系。

第三，明治政府无视琉球独自的历史，实施了"琉球处分"（即吞并琉球）。实际上，德川幕府开始统治后，萨摩的

---

① 即江户末年，是指日本历史上德川幕府统治时代（江户时代）的末期。一般意义上的"幕末"时期始于1853年黑船来航，终于1869年戊辰战争。

② 指《古事记》和《日本书纪》。

岛津氏族乘虚而入，在琉球王国开始计算米谷的收获量，姑且把琉球编入了幕藩体制之中。

在德川幕府统治的265年间，琉球曾经既属于明清的中国又属于幕府，处于"两属"状态。但是，明治政府坚决执行废藩置县，于是，琉球被"废琉置县"，成了冲绳县。而且，冲绳被看作日清之间在政治上、领土上争夺的蛋糕，甚至有人提出过一分为二案或一分为三案。这就是"琉球处分"。从此，冲绳县人接受了大大小小的各种"皇民化"宣传教育。

当时，赞成明治政府（大日本帝国）这一方针的冲绳人不少。但是，伊波普猷①等人认为，如此下去的话，琉球的历史和信仰就会被遗忘，于是，开始研究"古琉球"学。柳田国男、折口信夫则通过调查采访古琉球，深化了民俗学研究，并将其发展成"日本民俗学"。

第四，冲绳是太平洋战争的最后战场。日本战败后，冲绳成为"美国占领军的国土"。施政权被移交给了美国。目的是为了让美苏对立和朝鲜战争对美国更有利。

接着，在冲绳各地建起了美军基地和美国人住宅，一批又一批的美国人逗留在这里，一些城镇中建起了为美军提供服务的花花世界。这样的光景在日本本土的横田基地和横须贺基地等是司空见惯的。完全不同的是，直到1972年（昭和四十七年）5月回归本土为止，整个冲绳群岛一直是"美国的一部分"。这是应该铭记在心的。

第五，冲绳回归本土以后，不仅成了"美军基地的岛"，

---

① 1876—1947年，日本冲绳民俗学家，冲绳学奠基人，被后世称为"冲绳学之父"。

而且虽然表面上有"非核三原则",实际上却按照秘密条约"核"被运入了岛内。这早已是"公开的秘密"了。即日本首相佐藤荣作和美国总统尼克松、国务卿基辛格在签署冲绳归还条约时,缔结了秘密条约。

当时十分活跃的密使若泉敬曾留下遗书,坦白说日美之间曾经有过这一密约。若泉敬在"巡礼"冲绳群岛以后,回到故乡福井自杀了。文艺春秋社出版了他的长篇遗书《但愿别无他策》。读了这本书,就会切实地感受到战后日本的那些不必要的烙印、硬撑着试图强大和令人悲哀的自负。

有关冲绳的上述五个要点,是最简单明了的。日本必须在立足于这些要点的基础上,更加深刻地、更加纠结地、更加彻底地思考琉球冲绳问题。

自东日本大震灾和福岛核电站事故发生的第 5 天起,我花了一年半的时间介绍了相关书籍。其中,我写道:"今后,日本人必须具有把福岛和冲绳一起视为挑战的编辑能力。"后来,出版了《解读 3·11》(平凡社)一书。

大日本帝国以"神国日本"为目标

我接连三次访问宫崎,走了许多地方。宫崎气候温暖,很像冲绳。但是,在历史上则与冲绳形成鲜明的对照。

宫崎是神话之乡。祭祀伊弉诺神和伊弉冉神的江田神社、记纪神话中记载的作为禊(古人祓除不祥之祭)之地的阿波岐原、鸬鹚草葺不合尊(日本神话中的神)的诞生地鹈户神社等。按照日向神话走访各处,我亲眼目睹了许多传承神话的遗址仍保存完好。我还去了高千穗,参拜了不知曾参拜过多少次的宫崎神宫。虽然为吸引游客的观光景点都修建得比以前漂亮了,但是,在椎叶附近的小小神社却更让我感到庄严神圣。椎叶是柳田国男所著《后狩词记》的舞台。

宫崎在明治初期是"废佛毁释"尤为激烈的地区,神佛分离进行得较为彻底。许多佛教寺院都遭到了破坏。可见,国家神道的势力对此地的影响之大。在日本神话中,日向(宫崎)被认为是天孙(天神的子孙)降临之地。因此,直到近代,宫崎的日南一带和高千穗、雾岛都一直被大书特书成建国之地。

作为这一象征，在宫崎市内修建了宫崎神宫。宫崎神宫内祭祀着神武天皇即神倭伊波礼比古命、其父鹈草葺不合命、其母玉依姬。尽管如此，在社传中记载着原来此地祭祀的是健磐龙命。健磐龙命是阿苏山之神，既能喷火，又能让天地鸣动。手塚治虫在《火之鸟》中做过相关描述。在祭祀神武天皇的同时，还祭祀健磐龙命。这表明了阿苏一族统治日向地区的时期较长。

据记纪神话的记载，就在此地，以神武天皇的曾祖父琼琼杵尊为领袖的天孙一族降临了。说是降临，并不是指从天界降入凡界，而是漂洋过海的意思。日文"アマくだる（下凡）"的"アマ"有"天"的意思，也有"海"的意思。

大日本帝国在此地修建了宫崎神宫。也就是说，这座神宫与明治神宫、平安神宫、靖国神社等一样，是明治以后创建的神社。这些神宫都是伊东忠太设计的（我十分钦佩他的设计），其中寄托了大日本帝国怀抱的"神国日本"之理想。

参拜宫崎神宫后，我去平和台公园参观了"和平之塔"。这是为庆祝纪元2600年[①]而建的"八纮之基柱"。

原来，在38米高的纪念石碑上刻着"八纮一宇"四个大字。二战以后，因"八纮一宇"象征侵略思想，就改成了"和平之塔"。虽说是为了"民主化"，却留下了粗制滥造的改修工程的痕迹，反而令人不快。

我上小学时，学校里除了花井纮一以外，还有几个人名叫

---

① 1940年庆祝神武天皇即位2600年。

纮一。纮一的名字取自"八纮一宇"。他们出生于昭和十八年或昭和十九年,名字鼓舞斗志。

"八纮一宇"在中国古代意为"结天地之八纲",有"这个世界"的意思。但在《日本书纪》神武纪中,有记载为:"上则答乾灵授国之德,下则弘皇孙养正之心。然后,兼六合以开都,掩八纮而为宇,不亦可乎。""八纮一宇"被叫田中智学的国柱会成员、过激日莲主义者定为成语,表示"国之道德"。后来被帝国陆军采用。

在这座"八纮之基柱"塔的四角,从建时就立着四尊雕像,分别是荒御魂(武士)、奇御魂(渔民)、幸御魂(农民)、和御魂(工匠)。这是把日本人自古以来重视的四个"魂"拟人化了。后来,其中的荒魂(荒灵)及和魂(和灵)脍炙人口,演变成了歌舞伎的"荒事"(武戏)及"和事"(恋爱戏)等。但是,在现在的"和平之塔"中,因代表武士的荒御魂带有军国主义色彩,被换成了别的雕像。

我在那里参观的时候,正好来了满载着中国和韩国游客的旅游大巴。游客们一下车就忙着拍照。我的心情十分复杂。近代日本与欧美列强为伍,建立了明治日本,到了昭和,就野心勃勃地企图称霸亚洲。中国游客按下快门的瞬间,我觉得近现代史好像复活了一样。

审视矛盾、局限和"起源问题"

这里我要再次强调的是，正如东方卷第 1 讲中所说，历史总是要把"同质"和"异质"区分开来的。不管什么样的"同质的历史"都是因"与异质的邂逅"而发展、变化的。无论在日本还是在世界各国，无论在中东还是在伊斯兰社会，无论是多民族地区还是在小规模地区，一定会有"同质"与"异质"的相遇、冲突，并产生纠纷。

一般来说，纠纷总是从偶然发生的小事件开始的。亲朋遭到杀害、少女受到凌辱、开会时被侮辱、丢了面子（即"那句话一出口，就完蛋了"。）、交易被中止、村境或国境受到侵犯、新技术席卷天下等等。虽然理由是各种各样的，但是背后一定有经济上贫富差距的增大、武力威胁、为政者的权势和暴力等在起作用。

如果是突发性的、没谢罪，或者长期积愤积怨，就会立刻引起纠纷、军事政变、暴动，以至于最后演变成战争或恐怖事件。其中有各种各样的"露骨的事"。

显而易见，历史的大部分是"纠纷的历史"。这是无法掩饰的。问题是，这样的历史许多是为炒作纠纷而被恣意编辑的，就好像罩着"遮脸布"。

因为企图炒作以扩大事态的大多是纠纷的赢家，以后，对赢家有利的历史观和逻辑就被巧妙地弥缝敷衍起来。大日本帝国就是这样做的。西班牙、英国、美国、苏联（俄罗斯），可以说几乎所有的国家都是这样做的。接连胜利的国家不久就有了"帝国主义"的面貌。无论冲绳还是宫崎的历史遗迹中，都残留着胜利和败北的痕迹。

同质和异质的冲突，或者一方对另一方的统治或包容，是在文明的最初阶段就发生的。无论是在古罗马，还是中大兄皇子和苏我氏，无论三十年战争，还是西班牙继承战争，无论是源平战役，还是克里米亚战争、戊辰战争，都是一样的。

但是，如果想用这样的视角来解读现代，就要深入观察我们身边的历史中存在的异质、异例和异人。冲绳的美军基地问题就是一例。那样的话，就会发现即使再大的体制也存在许多不可思议之处。

我们现在生活在"民主主义"和"资本主义"这一巨大体制中，感到它像空气一样方便也是理所当然的。然而，仔细观察的话，就会发现其中存在着许多矛盾和不合理之处。这些显然是当今发生纠纷和纷争的根源。在格鲁吉亚、突尼斯，在冲绳和宫崎都如此。

与其简单概括地说什么"美好社会"或"将会更美好"，不如说"存在这样的矛盾"或"存在这样的局限性"更恰当。

当今的日本，不管家庭还是学校，不管企业还是官场，都不算理想。也很难用"遵守法令"一词来概括。但是，应该说造成这种现状的原因不仅在于今天的我们。

这是因为在"民主主义"或"资本主义"成立的基础和背景中，本来就产生了一些矛盾和问题。因此，我在第1讲的最后，介绍了日美结构协议和小泉内阁时代的结构改革，又在第12讲中提到了伊斯兰的"唱念"和"Ikhtilaf"。但是，令人担忧的是，当今的日本人到底对那场结构改革抱有多大的疑问。正因如此，无论如何都必须站在历史中的现在。

然而，日本人一旦要站在日本的历史中的现在，就会碰到几个问题。其中，最近受到关注的"历史认识问题"遮挡了日本的去向，各位读者已经多少感觉到了。就是亚洲邻国提出抗议的问题。

历史认识问题为什么成为龃龉？

历史认识问题是因对某历史事件的认识不一致而引起的诸问题。

关于如何看待历史事件，就连研究历史的专家也是各持己见的。但是，在两国或多国之间的历史认识有相当大差距的时候，如果搁置问题而不消除分歧，也就是说某一方总是罩着"遮脸布"的话，就会逐渐发展成龃龉。

现在，中国和韩国列出的历史认识问题包括参拜靖国神社问题、南京事件问题、教科书记述问题、从军慰安妇问题、强制连行问题[①]、竹岛问题等。

主要原因是在日中战争期间日本与中国的敌对关系、明治时代的帝国日本通过日韩合并对朝鲜半岛进行了殖民地统治等，再加上竹岛问题和钓鱼岛问题，已经超出了单纯的历史研究的认识和记述问题，而成为民族情绪问题（尽管是一部分）。

---

① 指日中战争、太平洋战争期间日本政府有计划有组织地强制朝鲜人和中国人到日本各地从事严酷劳动。

关于这些历史认识问题，日本政府并非没有表明看法或没有谢罪。

最著名的是《村山谈话》。这是1995年8月15日日本首相村山富市经内阁会议决定而发表的回顾战后50年的讲话。其中，主要段落有"对建立今天日本的和平和繁荣的国民的努力表示敬意，对各国的支援和合作深表谢意"；"希望继续开展和平友好交流事业，并诚恳解决战后处理问题"；"殖民地统治和侵略给许多国家人民带来了巨大的损失和痛苦，谨此再次表示深刻的反省和由衷的歉意"；"促进国际协商，以彻底销毁核武器以及加强核不扩散体制为目标"。虽然没有直接提中国和韩国的国名，却提到"殖民地统治和侵略给许多国家、特别是亚洲各国的人民带来了巨大的损失和痛苦"。

后来的桥本内阁、小渊内阁、森内阁都在继承《村山谈话》的基础上发表"谈话"或答辩。小泉内阁发表了加入了"中国和韩国"国名的谈话。

但是，第二届安倍内阁在2013年的参议院预算委员会上，发言说："作为安倍内阁，并非完全继承村山谈话"，立即遭到了中韩的批判。一个月后，虽然修改成"继承村山谈话""从未否认过侵略和殖民地统治"，但是，相继发生了下村文部科学大臣的失言和订正、高市早苗议员的"对村山谈话抱有疑问"发言等，中韩对安倍首相的态度突然变得强硬。

关于从军慰安妇问题，1993年8月4日时任内阁官房长官的河野洋平在《河野谈话》中表示，承认强制慰安妇属实并谢罪。

这是因为吉田清治在1977年出版的《朝鲜慰安妇与日本

人》（新人物往来社）中，曝出了慰安妇当事者的证言等，那以后，韩国媒体和韩国议员以及日本媒体开始抓出这一问题接连进行"日帝批判"。但是，这一吉田证言变得令人怀疑。2014年8月5日，《朝日新闻》指出了吉田记述的疑点，并推翻了其主张，而后报道热很快就冷却了。

但是，这一问题因关系到女性的"性"和"战争"而变得非常复杂难解。其中又加上了"在特会"（禁止在日特权的市民会）对在日韩国人的"强制连行和慰安妇问题是战后被捏造出来的宣传炒作"等的反批判，使得日韩的民族情绪更加高涨。不得不说，《朝日新闻》的"罪过"也很大。

靖国神社的定位

"靖国参拜"问题是,在靖国神社供奉有甲级战犯,为什么一国首相却前往参拜。

原来,靖国神社是1869年(明治二年)由大村益次郎提议创建的东京招魂社。到了明治九年,根据明治天皇的"吾以靖国也"一文而改名,制定了社号和社格,延续至今。靖国神社是祭奠战殁者的神社,将在黑船来航后发生的事变、战争、国事中的战殁者作为"英灵"祭祀。

这里共祭祀着246万柱"英灵",包括吉田松荫、坂本龙马、高杉晋作、中冈慎太郎、桥本左内等幕末志士;保卫朝廷的会津藩士们;乃木希典、东乡平八郎等军人;八甲田山行军的遇难者;西南战争、甲午战争、日俄战争、日中战争、太平洋战争中的战殁者;学徒出阵①的牺牲者等。

第一个女性合祀者是在戊辰战争的秋田战线阵亡的山城米

---

① 1943年对大学在校生进行征兵,送往前线。

由。她和冲绳姬百合部队白梅学徒队的女学生们，一起被作为英灵祭祀在这里。应该注意的是，既是维新的功臣又是"叛乱者"的西乡隆盛、江藤新平、前原一诚等没有被祭祀在此。

就是这样的靖国神社因出阵的士兵在与战友告别时互相发誓要"靖国再见"，而被看成日本士兵的"精神支柱"。神明构造（日本神社建筑样式之一）的社殿是由尾张的伊藤平左卫门组建的，神门是由伊东忠太构思设计的。

我家从京都搬到东京后，我在九段高中读了三年书。当时，靖国神社就在附近。我经常在神社的院内吃冰激凌休息，被神社的气氛所吸引，感觉好像能舞台一样。富士见町教会也离学校很近。我在高中时代常去的就是靖国神社和教会。

在靖国神社，自 1979 年 4 月起开始合祀甲级战犯。远东国际军事法庭（东京审判）判决的甲级战犯中，被合祀在此的有板垣征四郎、土肥原贤二、广田弘毅、梅津美治郎、东乡茂德、松井石根、木村兵太郎、东条英机、松冈洋右、小矶国昭、永野修身、武藤章、白鸟敏夫、平沼骐一郎等 14 人。

非战殁者被合祀在靖国神社，这实属例外。而其中包括广田弘毅等非军人在内，则更是相当例外。总之，靖国神社方面把他们看作"昭和英魂"。

从那时起到 1985 年 7 月的六年期间，大平正芳、铃木善幸、中曾根康弘等历届首相共参拜过 21 次靖国神社，没发生什么问题。1985 年 8 月中曾根首相参拜时，受到了中国政府的正式抗议。据说是因为《朝日新闻》的报道。

深入探讨靖国问题的话，就会有各种问题浮出水面。我简要地列出各种有争议的论点，从不同角度来探讨一下。

论点 1. 从宪法第 28 条所保证的"宗教自由"这一角度来看，本来谁去参拜都无可厚非。

论点 2. 如果靖国神社是国家的公祭奠施设的话，有关玉串奉纳等祭祀的捐献、奉纳可以由政府官员或地方自治体来执行吗？也就是说，这触犯了政教分离（日本宪法中有所规定）。

论点 3. 中国方面主张，因为靖国神社把战殁者作为英灵祭拜并肯定战争，所以，政府要人前往参拜等于认可靖国神社的历史观。

论点 4. 这无视或轻视由远东国际军事法庭对战犯做出的国际判决。

论点 5. 这刺激了日中战争牺牲者的感情。

论点 6. 国家没有规定必须为战殁的日本军人及军属进行祭奠。即如何建公祭奠施设的问题。

论点 7. 在 28 名被起诉的甲级战犯中，被宣判有罪的是 25 名。其中有活着被释放、恢复原职后死亡的人，还有病死或被处以绞刑的人。虽然靖国神社从中选出了 14 名，却并不是日本国家对殉教者所规定的标准。

论点 8. 以神道的方式来祭奠战殁者，这本身是否妥当。

论点 9. 是否能将参拜者区分成公人（公职人员）和私人（个人）。如果是私人的话，乘坐公车、携带亲信或保安人员是不合情理的。

论点 10. 在合祀甲级战犯以后，天皇没有参拜过靖国神社。那么，天皇如何祭奠这些英灵们呢？

这些论点都十分复杂。虽然可以从中做出大致的推测,但是,要把这些论点都整合在一起,几乎是不可能的。

即使对每个论点做出一定程度的解答,但把这些论点列在一起,就会看出它们之间的自相矛盾之处。虽说是历史认识问题,但事实上,在问题的所在及论点的设定方法上就存在困难。

为什么会如此呢?围绕这样的历史认识几经周折,是因为存在着要把日本的战争责任追究到什么程度这一难题。然而,这不仅是日本所面临的问题,也是20世纪所遗留的最大难题。

哲学家汉娜·阿伦特曾经在德国从师海德格尔。她在著作《艾希曼在耶路撒冷》(美笃书房)中,阐述了自己旁听法庭审判把犹太人关入毒气房的阿道夫·艾希曼时的感想。如果说阿道夫·艾希曼有战争责任的话,那么,那不是由于他的"残忍",而是他的"平庸"。

这样的话只能出自汉娜·阿伦特之口,并不能简单地套用于日本。即使说日本军部是平庸的,也会被认为并不能说明问题。这就是历史认识问题的难处。

东京审判史观
——败者的责任是什么

有关日本人的历史认识,一般认为,是受到所谓"东京审判史观"的影响。

关于东京审判的经纬及其验证,是需要非常严密地调查引用的,我在这里省略。但是,我认为,事实上对日本人而言,既有"战败者可以被胜利者报复到这种程度吗?"这一逆反心理,又有"到底什么是战争犯罪?必须由谁来负多大的责任?"这一疑问。两者交织在一起,已经无法冷静看待东京审判的详细经过并做出合理判断了。

再加上,日本接受《波茨坦公告》时,正值美国向广岛和长崎投下两枚原子弹,日本经历了以前的正规战争所无法想象的灾难,遭到原子弹轰炸。同时,就在那几天内,苏联开始出兵满洲并有要占领北海道的势头。日本还没有完全把握形势,就接受了《波茨坦公告》。1945年8月15日,天皇发表了广播讲话。接着,驻日盟军总司令部(GHQ)占领日本,天皇发表了《人间宣言》。我认为，当时事态发展得极其迅速，使得认为"不管东京审判对日本做出怎样的判决，都没有办法"这种懊悔之情无以言表，以至于影响了后来日本人的历史观。

日本的领导人在冲绳战以前就有战败的精神准备，却为什么没能以令人更容易接受的方式结束战争呢？对此，至今有过各种争论。今天，几乎完全得以证实的是，日本优柔寡断的本质在于，畏惧"日本的国体"会因战败而遭到凌辱。国体遭到凌辱是指，因天皇被追究战争责任，而引起国家体制的动摇。

但是，实际上天皇的战争责任在东京审判中没有被追究。据新西兰检察官参与奎连所述，澳大利亚提出了起诉天皇的动议。首席检察官约瑟夫·贝里·基南（Joseph Berry Keenan）发言说："不承认超出检查局的政治高层起诉天皇。"结果不了了之。"超出检查局的政治高层"是指，盟军最高总司令官道格拉斯·麦克阿瑟和美国政府没打算起诉昭和天皇。

结果，澳大利亚的动议既没有人赞成，又不适于表决，"天皇的责任"就在法律上被解除了。

至于中国和苏联如何表态，这也在后来对历史问题的解释中有所争论。1992年8月15日播放的NHK特别节目《通向东京审判之路》中有证言说，中国方面有起诉天皇的动向，却被蒋介石压住了；有证据说，苏联外交部长莫洛托夫虽然曾经表示要起诉天皇，却因检察官谢尔盖·亚历山德罗维奇·戈伦斯基等人提出追诉5名甲级战犯被告，而最终承认了免除天皇的责任。栗屋宪太郎在著作《东京审判论》（大月书店）中推测，有可能是斯大林向美国做出了让步。

那么，"国体"难道就因此得以捍卫了吗？一部分天皇主义者或爱国主义者是这样解释的。但是，从接下来的驻日盟军总司令部（GHQ）制定宪法的过程以及占领政策、还有后来的日美同盟关系来看，战后日本的国家运作并非是在"国体"得以捍卫的前提下进行的。

即使有那样的一面，也正如三岛由纪夫所质疑的那样，在天皇自己对此没有明确说明或暗示的前提下，在战后社会，是不可能把"基于国体的日本"付诸于任何思想或行动的。正因如此，三岛由纪夫以自杀的方式，展示了例外的可能性。

因此，当今的日本并没有继续有关国体的历史认识。那么，近邻的亚洲各国凭什么来提出历史认识问题呢？那就是，东京审判以后，日本是否用某种方式表明了战争责任之所在。有关这一点，同样是战败国的德国，有过如下举措。

1992年5月18日，德国的斯图加特地方法院对一个80岁老人宣判了无期徒刑。他名叫约瑟夫·施瓦伦贝格，是原纳粹党卫队员、纳粹集中营所长。他因半个世纪前所犯下的罪行而受到审判。

约瑟夫·施瓦伦贝格在德国战败时逃往国外，在阿根廷经营养鱼场。他于1987年11月被逮捕后，被押送回德国，又被送上了法庭。在德国已经废除了死刑，无期徒刑是最高刑罚。

像这样，在德国，除了二战刚结束时的纽伦堡国际军事法庭以外，迄今为止，在德国国内的法院有9万多名与纳粹有关者受到审判，其中7000起被判为有罪。这是因为1979年德国议会通过决议，宣布"取消对纳粹犯罪的追诉时效限制，永远追诉"。

相比之下，在日本，虽然东京审判做出了对甲级战犯和乙级、丙级战犯的判决，实现了"受到他人的审判"，但是，后来被认为是"没有自己审判自己"。因此，"作为他人的近邻亚洲各国"要时不时地确认日本的态度。

日本政府表明了负战争责任的立场。即进行了战争赔偿、战后补偿和谢罪的立场。

我对赔款额问题了解得不够详细，根据政府到目前为止公布的数据，按照日本与同盟国各成员国之间的单独协议，战争赔偿（war reparation）约10,300亿日元；由在外资产（在国外的资产）进行的对朝鲜、中国等的战后补偿（compensation）约3,795亿日元；向按照《旧金山对日和平条约》的规定、没有正规战争赔偿权的朝鲜提供了1,080亿日元经济援助。还有，自1952年《旧金山对日和平条约》开始生效起，40年的战后补偿额约达330,000亿日元。这几乎全部是以日本国民（退伍军人及其家属）为对象的。德国的战后（个人补偿）补偿额约1,223亿马克（相当于约100,000亿日元）。

这些赔偿是法定的。虽说是战败的结果，负战争责任却是理所当然的。各国完全承认日本尽了这样的义务。但是，日本受到近邻亚洲各国指责的，并不是尽没尽义务，而是"承认侵略这一事实""承认曾把韩国和台湾作为殖民地""对这些事实，要明确地表态并谢罪"。

这些都应该是政府承认的。但是，一旦被追究起来，不知为什么就变得说不明白。为什么会这样呢？

接着就会有"败者负战争责任是什么意思呢？""如何说

明才好呢?"等疑问句等在那里。当被问到这些疑问句跟回答有什么关系时,好多论点就会被歪曲。为此,只好冥思苦想,或者因冥思苦想太麻烦而把什么记在心里。但是,这样下去,误解是不会消除的。

日本人的"败北感"的真面目
——《东京监狱》

下面,我换一个视点,连续介绍三本书。每本都具有独特的叙述风格。赤坂真理写的《东京监狱》(河出书房新社)、卡尔·凡·沃夫伦(Karel van Wolferen)写的《日本权力构造之谜》(早川书房),还有白井聪写的《永续战败论》(太田出版)。

三位作者分别站在不同的立场,解析了日本人为了什么而苦思焦虑。又从三个不同的角度,提示我们何以解释这种现象。

赤坂真理的小说《东京监狱》(2012)描写的是在经历3·11日本东北大地震后,15岁的主人公真理经母亲推荐去美国的高中留学,体验了莫名其妙的"败北感",不到一年就回国了。小说的主题是"日本人的战败"到底是什么。获得了2012年度每日出版文化奖和司马辽太郎奖。

主人公真理在美国的高中不得不参加一场重要辩论。那是围绕"天皇是否有战争责任"这一问题，分成正方和反方进行模拟审判式的辩论。真理是正方（肯定）。对太平洋战争、昭和天皇、东京审判一无所知的少女真理，只好查找关于东京审判经过、日本国宪法条文等资料，参加辩论时主张天皇有罪和负战争责任并反省。但是，她逐渐意识到了日本人所抱有的"败北感"背后的真相。

在小说中，真理的母亲做东京审判记录的笔译和口译、读英文版日本国宪法的原文而有了新发现、美国和日本的关系就像强迫发生性关系的男女一样等，故事情节中加入了独特的暗示性。最后，少女真理从对战争责任漠不关心的"平均的日本人"容易陷入的历史认识深渊中解脱出来，让读者有一种快感。每日出版文化奖的评审委员松浦寿辉这样评价说："用柔美坚韧的想象力，以政治学或社会学的论文完全不同的形式，来谈论国家，关注历史。"

在小说中，主人公真理必须操着不够流利的英文谈天皇的战争责任，即不得不用"敌国的语言"来说明"天皇可能是战争罪犯"。这一崭新的构思是空前的，简直就是相互记谱式编辑的极致。

后来，赤坂真理在作品《爱与暴力的战后及那以后》（讲谈社现代新书）中，用散文体的犀利语言，向由《东京监狱》派生出来的各种问题果敢地做出了挑战。比如，如何解释投原子弹、如何解释日美签订的安保条约、如何解释奥姆真理教事件、如何解释修改宪法问题。特别是，如何解释美国和日本有什么不同。

其中，通过曾在《东京监狱》中尝试过的"读英文版日本国宪法"，突出描绘了一些日本人一直纠结的问题。战后宪法中有"放弃战争"这一条文。这个"放弃"的英文原文是"renounce"。这是"自发放弃"的意思，不同于"abandon"等。这样的词汇如同"他人的印记"一样被牢牢地植入日本的宪法中。赤坂真理写道，还没有反常到用他人的语言说"我自发放弃"的程度。

还有，邻国说日本进行的是侵略战争，因此要求日本谢罪。这时的"侵略战争"用英文叫"war of aggression"。"aggression"是攻击性的意思。那么，日本就应该为这个攻击性谢罪。赤坂真理说，要让日本能这样谢罪，日本人必须关于自己的攻击性讲出"应该谢罪的理由"。日本人尽管可以认为"添麻烦了"，却不能向逼自己谢罪的对方指明谢罪的对象。

赤坂真理这样写道："日本的社会制度是一经挫折就难以再起的。或者可能没有精力一边建立安全网一边发展。曾经成为世界第二大经济体的日本，不过如此而已。"她说日本经不起挫折。还说："日本这个国家，从被迫打开国门的屈辱、惊愕和危机感中，开始了战争的世纪，奇迹地势如破竹。结果，深陷战争泥潭而不可自拔，最终遭到惨败。国土化为焦土后，无条件降伏。这期间没有变的，一个是天皇的实际存在，另一个是日本始终不得不在他人的规则下战斗。"她这样批判日本在"他人的规则"下挺进得过猛。

日本缺乏决策过程
——《日本权力构造之谜》

卡尔·凡·沃夫伦在著作《日本权力构造之谜》(1990)提出疑问,在日本这个国家,是由谁掌握权力的?权力中枢在哪里?权力如何发生作用?他从这些让人无法摸透的问题切入,指出日本"缺乏决策过程"。这个谜连日本人都难以解开,而一个荷兰媒体人却勇敢地发出挑战。因此,一时间成了热门话题。

关于沃夫伦的主张可以做出如下推理。对日本来说,恐怕有三个虚构好像现实一样在发生作用,使日本成了"奇怪的国家"。

第一,各国以为,日本是作为主权国家、为国家利益做出最善选择的。但事实上,日本是无法这样做的国家。第二,日本主张彻底发展自由市场经济,但是,有弄虚作假的成分,或者对内对外要两面派。第三,恐怕日本采用的体制是在全世界还没有定义的。关于其体制,日本自身既没有自觉,也没有经过分析。

沃夫伦认为，把这样的日本用"柔韧""暧昧""独特"等词汇来辩护、来批判，是对日本无益的。他指出，应该看到，日本存在着让权力的行使变得看不透的"构造"。

为了写这本书，沃夫伦详细调查了国会、内阁、自民党、野党、官僚机构、警察、财界，以及被认为是压力集团的农协、日教组、日本医师会、司法界、连合（劳动组合），还有宗教团体等。在此基础上，指出了所谓"日本式构造"的特征。我想，这不同于欧美社会的靠分析而成立的逻辑。

比如，掌握所有行政权的决策者应该是内阁总理即首相，但是，日本的首相却不掌握这样的权力。官僚和财界有许多领导，却没有极端的权力。还没有集团的领导达到能支配其他势力的水平。沃夫伦对日本高度的中央集权表示怀疑。在他看来，所有构造都是只在复合状态下才起作用的。

究竟如何考虑才对呢？沃夫伦绞尽脑汁，归纳出了如下结论。

日本的权力（说日本的权力不存在是不可能的）一定是在"看起来极度非政治化的政治过程"中形成的，这一构造不同于在欧美所规定的权力机构的构造。其构造不是由议会、内阁、官僚有组织地掌握的，而是由复数的管理者来控制的。

也就是说，权力行使过程是显而易见的，又和中央集权本身联系在一起，却总是只被当作难以分割的统治体制来看。

也许日本人是努力做出这种样子的。也就是说，即使日本是管理者的天堂，那个天堂也不是叫日本的"国家"。日本这一国家只不过是如此零碎制度的模糊不清的"脸"的结合体而已。正因如此，日本长期以来，让东京大学法学部毕业的管理者坐在所有政界、商界、司法界、公安界的领导位子上。沃夫伦大致是这样推测的。

如果不能明确指出制度或性能来反驳，沃夫伦的推测确实有一定的道理。我认为，即使想用构造和管理者来说明一切，也什么都说明不了。

本来就有日本学者指出，日本有集团意向或集团主义在发生作用，其中隐藏着日本不为人知的真面目。因此，沃夫伦的推理好像只不过是将其说中了而已。也就是说，日本的国家权力之方法是与在一神教的历史基础上建立近代国家的欧洲型或美国型所不同的。要想将这样的日本从国家和权力构造来加以说明，就只有将非欧美型概念的性能，或是用新的概念来说明，或是用支撑日本固有价值观的概念来说明。

沃夫伦在一定程度上知道自己的分析有容易陷入这种倾向的危险。比如，他试图稍微提及日本"三大精神体系"的神道、佛教、儒教所产生的影响，立即发现这些无法阐明当今日本的不透明性，就此戛然而止。好像觉得解释这些是没有用处的。

沃夫伦还认为，日本人将一切都委托给构造和管理者的这一价值观是在大学、家庭、社会中形成的。他着手分析这一点，却半途而废。日本的大学完全不教任何"国家""日本"的内容，更不教让日本人感到矜持的"日本文化"。这些甚至在小学、初中或在家庭里都不教。这个国家甚至连在学校升国旗都会有人提出抗议。

知识分子看起来好像在知识空洞中一样。关于这一点，后来沃夫伦在《写给日本的知识分子》（窗社）一书中写道："在日本，最需要知识分子时，言行像真正的知识分子一样的知识分子极少。"他失望地叹息道，这个国家没有独立组织能进行具有知性的揭发调查。

那么，日本是利用构造来隐藏"事实"的国家吗？正如沃夫伦所推测的那样，日本也许不想知道"事实"。这正如赤坂真理所言，要把"侵略"作为"谢罪"的对象，就要先把"aggression"看作"事实"，而许多日本人不这样认为，也不想这样做。

对此，沃夫伦指出，日本虽然会用或自杀或沉默的方式负行动责任，却不要求政治上的说明责任。

在这本书出版以后，沃夫伦在《日本怎么办？》（早川书房）、《不让人幸福的日本制度》（新潮社）中敲了警钟，在《为什么日本人不能爱日本？》（每日新闻社）、《写给日本知识分子》等书中，呼吁日本人鼓起勇气，不要再躲在日本文化的特殊性中，而要从中解脱出来。他建议应该开始修改宪法。

沃夫伦多次指出了日本媒体所存在的问题。他说，日本新闻界误以为"维持社会秩序就是工作"，而没有向着社会变革的方向做出努力。

他质疑道，媒体不追究媒体人的责任，只追究他人的责任，特别是不进行有关权力构造的说明。周刊杂志看起来试图扮演这一角色，但沃夫伦无法理解为什么日本的许多周刊杂志把裸体照片和新闻报道编排在一起。

日本还在继续输
——《永续战败论》

第三本是白井聪写的《永续战败论》(2013)。他通过分析日本不想对"战败"和"战争责任"明确表态的原因，主张如果说"国体"现在仍在继续，那么战败也仍在继续。也就是说，日本至今仍处于"永续战败"这一状态。

在这本书的开头，写了大江健三郎在 2012 年 7 月 16 日的"再见，核电站 10 万人集会"中引用了《村之家》的作者、战后代表作家中野重治说过的"我们活在屈辱之中"。接着，展开论述并指出，不管安倍内阁怎么说"脱离战后体制"，日本至今仍然处于"永续战败"状态下。

白井聪从三个领土（钓鱼岛、竹岛、北方领土）问题出发，按照朝鲜拉致问题[①]、安保条约的问题、TPP[②] 问题的顺序，

[①] 拉致问题，也称拉致事件，指的是 20 世纪 60-70 年代，朝鲜绑架日本人问题。

[②] 跨太平洋伙伴关系协定（Trans-Pacific Pantnership Agreement），也被称作"经济北约"，旨在促进亚太地区的贸易自由化。

验证了日本所处的位置，强调战后体制在于"国体"。

这跟以前的一般见解完全不同。一般认为，"国体"与战败、天皇的《人间宣言》和战后民主宪法同时"消失了"或者"变得相当薄弱了"。我最近也这样写过。但是，白井聪质疑道，难道果真如此吗？

久野收、鹤见俊辅曾自由地讨论过战后思想，两人于1956年合著出版了《现代日本的思想》（岩波新书）。正如副标题"其五个漩涡"所示，书中列举了战后日本出现的五个思想漩涡，很有先见之明。

这五个漩涡是：①讴歌理想论和观念论的白桦派①的思想；②主张唯物论的日本共产党的思想；③代表日本实用主义的缀方运动②；④以昭和维新为思想根源，批判天皇主权国体论的北一辉的思想；⑤通过把历史与个人分开，即使没有任何确凿根据也能享受自由并承担责任的实存主义思想。

原来如此。被这样一说，我才发现当代的日本思想也是按照这五个方向形成漩涡的。其中白井聪所关注的是④北一辉的思想。

众所周知，北一辉早就看穿了大日本帝国的天皇被明治的政治家和官僚们所利用的构造。北一辉指出，明治体制一方面把天皇作为"现人神"，规定"神圣不可侵犯"；另一方面，为了运作立宪君主制的明治国家，利用了其性能和机构。北一辉将其称作表面的"显教天皇"和背面的"密教天皇"。后来，

---

① 白桦派是日本近代文学中的一个流派。白桦派作家、追求个性解放、提倡人道主义精神、强调人的尊严和意志。

② 1910年前后出现的以指导整个儿童生活为目的的教育思想。

松本健一在长篇大作《北一辉论》（讲谈社）中频繁地引用过这一见解。

白井聪认为，这一显教天皇和密教天皇的双剑法，不仅被应用到明治体制和战前的国体中，而且还被应用于战后体制中。而且，其佐证之一是丰下楢彦在《安保条约的成立——吉田外交与天皇外交》（岩波书店）中所提出的假说。

丰下楢彦的假说是，迄今为止一般认为，《日美安全保障条约》是美国强制日本政府在日本各地设置大量的军事基地，然而，事实上并非如此。他认为，是昭和天皇自己希望美军留驻在日本的。从吉田外交的详细经过和外务省的交涉过程来看，这一推理是完全有可能的。

白井聪说，正因如此，"战后的国体"才被维持下来。如果说昭和天皇希望美军留驻，这是令人震惊的。但是，白井聪认为，从后来日本政治的发展，特别是日本和美国的同盟关系的发展来看，假设不确定昭和天皇表述了什么愿望，也能做出近似的推论。

他的结论是，这样的日本至今仍然处于"永续战败"的状态中。因为没有明确承认战争失败，而陷入无法从战败中自拔的地步。沃夫伦和白井聪两人合著了《虚伪的战后日本》（角川学艺出版）一书，实现了首次对谈。

日本能否想起忘记的"歌唱"
——用我们自己的故事讲述现代史

倾听上述三人的"日本论"或者"阻碍日本论成立的见解"后，各位读者也许感到迷惑。到底怎么才能透彻地理解日本的"历史中的现在"呢？我认为，现在的日本有必要大胆尝试如此根本的相互记谱式观点。

因为今后日本在和亚洲的交往沟通中，会形成更加广阔的视野，其中可能包括中国和韩国的历史观也存在问题等见解。

无论如何，"日本的失败"和"亚洲的失败"一定是在什么地方联系在一起的。而且，还要看到这些是在什么地方跟"英国的失败"也联系在一起的。虽然现阶段这样的观点还不突出，但说不定跟"美国的失败"也有相关关系。

另一方面，我一直在想，是否日本人过分考虑现在的日本中有"以前的日本"呢。虽然我不想说什么"好时候的日本正在消失"，但我认为，有必要擦亮眼睛看看日本的现状究竟如何。

我曾经在著作《日本流》（筑摩学艺文库）的序言中，以

"忘记歌唱的金丝雀"为题，介绍了以下的故事。1918年（大正七年），西条八十发表了诗作《红鸟》，由铃木三重吉编辑。第二年，成田为三给这首诗谱曲，歌曲《金丝雀》就诞生了。我认为，日本仿佛是在不知不觉中"忘记歌唱"的。歌词如下：

忘记歌唱的金丝雀哟，就扔到后面山上去吧。

不要不要，那怎么行？

忘记歌唱的金丝雀哟，就埋在房后林子里吧。

不要不要，那怎么行？

忘记歌唱的金丝雀哟，就用柳枝抽几鞭子吧。

不要不要，那太可怜了。

忘记歌唱的金丝雀哟，乘着象牙船划着银桨，

漂荡在月夜的海面上，就会想起歌唱。

1918年（大正七年），第一次世界大战即将结束，日本应美国的要求出兵西伯利亚。富山发生了粮荒；西班牙流感横行，岛村抱月因此病倒；年末，郁郁不乐的竹久梦二写下《宵待草》，流行于街头巷尾。26岁的西条八十，和以前的石川啄木一样，感到"时代的闭塞"和"不安"。

我在《日本流》中，以这首歌为线索，追问日本流的本来面貌究竟是什么。如果想用第一章"讲述日本"的视点，讲解"既专一又多样的日本"的话，就需要在讲述方法上下功夫。我立志要用令我心醉的达·芬奇、阿尔伯托·贾科梅蒂和马塞

尔·杜尚的方法来完成这一使命。

我认为这首歌的主题思想仍然适用于今天。忘记歌唱的不仅是大正时代的日本。恐怕今天的日本也忘记了歌唱。如果是这样的话，怎么才能让日本想起来歌唱呢？我想，有时需要用"来自外部的眼睛"将日本进行相互记谱。

法国人类学家克劳德·李维史陀曾经说过："日本从来没有被欧洲价值观倾倒到要放弃自己的价值观的地步。"他指出，日本潜藏着"二拍子节奏"。"二拍子节奏"是指"口是心非"或"言不由衷"。

阿诺尔德·汤因比曾忧虑道："日本患西洋病的时间太长了。这样下去，无论政治家还是学者都无法再提出作为日本文明的见解了。"

唐纳德·基恩（又名鬼怒鸣门）在日本式住宅中生活，酷爱茶道，学演狂言，读破万卷日本文艺书籍，最终决定加入日本国籍并定居日本。许多日本人问他，"纯粹的日本"是什么。他回答道，"纯粹的日本"几乎已经消失了，现在的日本就在附近的超市、萧条的商店街中。

彼得·德鲁克收藏了酒井抱一等许多日本美术家的作品。他建议日本人"最好不要追求什么逻辑"。他说，日本人在"智慧"方面是敏锐的，因此，应该在此基础上去思索、去表达。他还说，日本的经营者不需要读"我为美国读者写的经营战略的书"。

这些见解是否击中了要害呢？我不这样想。他们也希望日本能想起来歌唱，逐一指出重要的问题。他们就像达·芬奇、阿尔伯托·贾科梅蒂、马塞尔·杜尚一样。

　　当然，还有持完全不同见解的"来自外部的眼睛"。东京工业大学世界文明中心所长罗杰·普尔菲斯（Roger Pulvers）说，如果日本人理解"一乐、二萩、三唐津"的话，就能消除所有的迷妄。这是在江户时代的茶道大师和风雅人士之间代代传承的尽情玩味乐陶、萩陶和唐津陶的价值观。普尔菲斯说，那样的话，忘记歌唱的金丝雀就会想起来歌唱。

　　但他还说，不要以为日本是单一民族国家，或是保留着传统文化的国家。只要日本人能深入理解一出歌舞伎、一个陶艺作品、一部井上久志的戏曲，日本就无论在世界还是在国内，都能自豪地站在历史中的现在。而且，他建议，今后的日本人最好铭记"buck the system"（拒绝服从组织规则）这句话。

　　普尔菲斯说的 system 是指"成为双重标准的体制"。"buck the system"是向这种体制挑战的意思。有机会，请一定读一读普尔菲斯的著作《假如没有日本这个国家》（集英社国际）。

　　也许日本并不是对历史问题认识不够。更重要的是，无论对世界还是对自身，我们都应该寻找"讲述日本之方法"。为此，我们应该自己下功夫，而我们并没有全力以赴。这才是问题所在。

　　是啊，我们可能需要用比世界上任何一个国家都更卓越的编辑能力，来讲述我们自己的"日本"。

　　我认为，这样的编辑能力不是直接从讨论国民国家或讨论民主国家中冒出来的，也不是用地缘政治学、博弈论或新自由主义所能培养出来的，更不是用后现代思想能解释清楚的。文艺评论家江藤淳临终前说过："战后的日本人一直活在别人的故事中。"到了用自己的故事来讲述现代史的时候了。但是，这个故事依然难以写出来。

姜尚中和中岛岳志有一本叫《日本》的对谈集，内容充满了刺激。其中，姜尚中指出，越是要像安倍内阁那样讲"为了日本的日本"，就越是不得不生活在"为了美国的日本"中。还有，迄今为止的"讲述日本之方法"不如说都是在爱乡主义中培养出来的，现在需要的是复兴运动（19世纪意大利统一运动的口号。请参考东方卷第6讲），应该集结全力进行"国民的夺还"。

中岛岳志说："在日本，保守思想没有肩负起社会科学。"取而代之发挥作用的是，文学、艺术、小型结社、出版社。

对两者的见解，我有同感。日本的编辑能力还仅仅限于在小范围内发挥。而且，其"方法"尚未被提出。

回顾起来，这样的方法只有明治时代试图革新净土真宗的清泽满之主张的"二项同体"或"Minimum Possible（节欲自戒）"、西田几多郎提出的"绝对矛盾的自我同一"等，而且都晦涩难解。虽然无论是清泽的方法，还是西田的方法，都是相互记谱式编辑的提案，但我认为，仅此是不够的。

日本要想既不用美国方式也不用中国方式来讲述日本的故事，就必须看清楚"抱着的普遍性，放下的普遍性"这两个方面。那就是动员一切资源，进行纵横交错的相互记谱，并在此基础上，向减法挑战。

应该进行总动员的资源有许多。从和歌、俳句，到茶道、能、文乐中所蕴藏的方法；从日本儒学和禅学，到高木贞治、冈洁的数学感觉；从说教曲调和美空云雀的演歌，到前卫华道和武满彻的现代音乐；从沟口健二和黑泽明的电影，到忌野清志郎、桑田佳祐和椎名林檎的歌曲。所有这些都是应该动员起来的资源。对这些资源进行相互记谱。然后，尝试减法。

在日本，许许多多仅用以一神教的普遍主义为基础的理论而无法说明的事和物，复杂地交错在一起。

记纪神话完全没有像希腊罗马神话那样记述等级制度（统治结构）；《伊势物语》和《源氏物语》不具有像亚瑟王传说或尼伯龙根传说那样的歌剧式结构。然而，这些不但影响了世阿弥的能、日本佛教的解释，还影响到了工艺意匠和浮世绘。甚至影响了幸田露伴、夏目漱石、泉镜花，以及黑泽明的电影、美空云雀的歌曲，还有川上哲治的棒球。

因此，日本要讲述日本的故事，如果仅用西洋故事的手法，就会有太多的事与物被漏掉，是用西洋的"基于普遍性的故事"而难以说明的。在此，需要既讲述"抱着的普遍性"，同时又讲述"放下的普遍性"。

我认为，现在到了理解这一点，并重新发现"讲述日本之方法"的时候了。否则，到什么时候都仍然站在历史认识问题的入口处而纠结；到什么时候都无法用历史中的现在这一视点编辑东京审判史观或明治维新史观。正因如此，请好好思考我上述的见解。接下来，请读一读最后一讲"追求编辑式世界观"。

在最后一讲，我来讲一位各位读者可能不太熟悉的非凡人物的壮绝人生。在那以前，我简要地介绍一下我的个人史。

第14讲 追求编辑式世界观

I.

所有的历史都是现代史

意大利的贝内德托·克罗齐①是一位具有传奇色彩的历史哲学家。他曾经担任过上院议员和文部大臣,早期曾经拥护过法西斯主义,后来摇身一变为《La CrITica》杂志主编,对过激的法西斯主义展开了批判。晚年,他埋头于维柯研究,探索精神哲学和教育学的真理。克罗齐说过:"所有的历史都是现代史。"

爱德华·哈利特·泰德·卡尔②是我最喜爱的英国历史学家之一。他写了《陀思妥耶夫斯基》《卡尔·马克思》《巴枯宁》之后,经过《革命的研究》《新的美好社会》等阶段,到达了《历史是什么》(岩波书店)这一最高境界。其内容用一句话概括,就是"历史是现在和过去的对话"。

著有《茶之书》和《东洋的理想》的冈仓天心,晚年尝试转行研究历史,却因病去世。冈仓天心的名言"历史中隐藏着未来的秘密",是我心中的一盏明灯。

---

① Benedetto Croce,1866—1952 年。
② Edward Hallett Ted Carr,1892—1982 年。

贝内德托·克罗齐、爱德华·哈利特·泰德·卡尔、冈仓天心都说了同样的话。与其说站在"历史中的现在"是有可能的，不如说只有这样才有认知历史的意义。

我在工作时，一贯注意保持编辑式历史观，尽量抱有编辑式世界观。这是因为我希望能深切地感受到"所有的历史都是现代史""历史是现在和过去的对话""历史中隐藏着未来的秘密"这些话的意义。

但是，这些却是很难实际感受到的。虽然总是下意识地思考，却难以抓到感觉。因此，我开始注意通过相互记谱来进行编辑性的捕捉。下面我简单扼要地介绍一下我的思想经历。

我对"历史和地理"开始产生兴趣是在京都的下京上小学五年级的时候。为完成暑假作业中的自由选题，我编写了一本书，叫《日本列岛的概观》。在白纸上描画了日本列岛的形状，并标注了各种特征。

气候、植物、方言、铁路、产业、江户时代的参勤交代[①]图、北前船的航线、伟人们的出生地、民谣的标题等等。我把这些接二连三地写在了对开的纸上。至于选这个课题的动机已经完全忘记了。在那以前，我组织过电气俱乐部，沉浸在连接电池、设计漆包线回路中。记得有一天，我看到邻居上初中的大哥哥的社会课本和历史地理科本，兴奋得跳了起来。

我上初中以后，学校有一门课叫"社会科"。父亲说："你要是好好学这门课的话，今后就能读懂《文艺春秋》了。"所

[①] 也称参觐交代，是日本江户时代一种控制各大名的制度。各藩的大名需要前往江户替幕府将军执行政务一段时间，然后返回自己领土执行政务。

以我盼着开课，却没想到这门课非常枯燥无味。学的是什么三权分立、职业自由、民主主义，简直味如嚼蜡。说"能读懂《文艺春秋》"，是因为父亲一直订阅《文艺春秋》，家中的杂志除了《文艺春秋》以外，还有《俳句》和《东洋经济》，父亲知道我偶尔翻阅《文艺春秋》。我没想到"社会科"比《文艺春秋》还要无聊。

相比之下，还是"理科"更有趣。我参加了乡土俱乐部，开始对采集矿物和化石着了迷。初中二年级，我又参加了新成立的科学俱乐部，迷上了做各种实验。我调查研究了"尘埃"和"雨"，在京都市初中科学大奖赛上发表了调查报告，得了三等奖。随着每天积累一个又一个的观测数据，我切实感到，只要点点滴滴地积累，成果就会日渐显著。而社会科却不是这样的，就好像被硬塞了一张"应该如此"的画一样，让我感到枯燥无聊。

小学和初中对我来说就好像准备期一样，"日文""日本的四季""日本的仪式"都让我感到新鲜。

我父母非常喜欢俳句，家里时常有人聚在一起开俳句会。我也受其影响，经常创作俳句。在父亲开的和服店，有许多四季的面料、图案和小装饰品。为迎接客人，经常要换点心、花和挂的字画。父亲跟邻居的带子店老板一起把仓库改造成共用的茶室后，"茶道文化"进进出出。周围到处都是神社佛阁，到处都举行着各种仪式。就这样，我在不知不觉中被植入了"日本元素"。

现在回想起来，尤其是潜移默化地吸收了"日文"的用法，让我受益匪浅。母亲是地道的京都人。叔父是画家，专门画日本画，总是操着一口京都方言，给我讲解日本美术。来家里盖房子的木匠们用独特的语言向我介绍工作的内容。邻居们一起玩百人一首等和歌，使用"和语"（固有的日文）沟通交往。这些都潜移默化地影响了我。

  我在京都度过了少年时代。那以后，全家从京都搬到了横滨，我进了东京的九段高中。

"世界观"的芳香与"真切的感动"

高中开设的课程有生物、化学和物理,国语中有古文和汉文课,历史中分为世界史、东洋史和日本史。

每门课都让我瞠目结舌。特别是高一高二的世界史,还有从高二开始的东洋史和日本史让我觉得非常新鲜,我感到"历史"是这么有趣,人类的繁衍生息就是历史和俳句。

但我感到不解的是,在世界史课堂上学的内容,在东洋史或日本史中几乎没有涉及。这是为什么呢?世界分成了东西两半。充其量是古罗马或古代波斯的玻璃器皿途经丝绸之路被运到长安和平城京(现在的奈良),中国的蔡伦发明的造纸术在怛罗斯战役时传向西方,在巴格达建起了造纸工厂,又经由威尼斯传到欧洲等,这样的东西方交流史。我猜想,说不定世界史老师、东洋史老师和日本史老师没一起聊过天儿吧。

我以为高中的课堂是人生中第一次邂逅"学问",可是,我并没有闻到学问的芳香。这是日本的教育现状。因此,等上了大学再感受"学问"的氛围吧。那么,在高中,至少能接触到"世界"和"世界观"的芳香。那会为以后的"教养"打基础。但是,如果对"学习"一点儿也不感兴趣,那就不用上高中也不用上大学了。

本来,做学问的目的是为了自由地运用知识。

在 12 世纪的欧洲,随着城市和大学繁荣兴旺,许多人为"知识"的系统化倾注了心血。博洛尼亚大学和巴黎大学成为典范,牛津大学、萨拉曼卡大学、那不勒斯腓特烈二世大学、布拉格查理大学、亚捷隆大学、格拉斯哥大学等城市大学,都把当时被关在修道院里的"经院哲学(scholasticus)"改编成"学校(School)",即自由七科。这就是博雅教育(liberal arts)的起点。重建其构造体系,并使其向更深更新的方向发展。这就是学问的使命。

但是,学问的陶冶一定会形成学会或学界等学院派。在此,学会奖或学界权威成为争夺对象,比如发生石器土器的捏造事件或 STAP 细胞事件等。还有,学问被要求对先行论文进行精查,因此,存在着拘泥于细节等弊病。我把这些叫作"共有教科书的经营派",因此,很难与"散布自由教科书的意象派"发生联动或融合。

我认为,只用这样的学问"知识"建立世界或世界观是危险的。实际上,克洛德·列维·斯特劳斯[①]说,应该看到"知识"分"具有生命的部分"和"被修缮的部分"。尤尔根·哈

---

① Claude Levi-Strauss,1908—2009 年,法国人类学家。

贝马斯①说,应该分成"人们所关心的知识"和"公共所需要的知识"。"被修缮的知识"的法语是指拼装起来的意思,也就是"被编辑的知识"。

虽然有各种说法,但我认为,上高中期间,与其追求"学问",不如体验"世界"和"世界观"的广阔视野更好。

顺便说一句,为考大学而学习是值得思考的。我特别不推荐只为应付以高考为代表的标准化考试的学习。责任不在学生,而是大学升学考试制度存在问题,亟须改革。

高中时代是自我烦恼的时期,同时也是,将从小学到初中形成的自我向其他方向解放的时期。我在东方卷第1讲中谈到脸书时,提到了爱利克·埃里克森的认同感。我认为,认同感是随时都可能改变的。

与此同时,高中时代有机会对"喜欢的事情"进行深入了解。我选择的课外活动是报纸俱乐部。因为我很憧憬媒体人。

把社会上发生的事情写成短消息,再加上标题,这对我来说是很有趣的。我很想深入了解新闻工作。社会上发生的事情变成文字或照片的消息,经印刷而成为"报纸",这一过程让我感到好奇。当然,那时我还没打算彻底钻研"编辑"。

我的高中时代就是这样,总好像是在追求一种"真切的感动",所以,我一有时间就去禅寺和教会。就是镰仓的日元觉寺、饭田桥的富士见町教会。

这为我后来研究佛教和基督教打下了基础。但是,我当时

---

① Jürgen Habermas,1929年生,德国当代哲学家、社会理论家。

完全没有打算研究宗教,更没想过对佛教和基督教进行比较研究,只是想知道自己到底为什么会因某种事物而感动。于是,在胡思乱想中,我被禅寺和教会的气氛所吸引。那时这两者在我心中还没有形成能够进行相互记谱的状态,却影响了我以后的人生。

1960年安保的不完全燃烧

就这样，我把自己脑袋里被分割开来的"西洋、东洋、日本"的历史置之度外，进了大学。只因为想读法文版的马塞尔·普鲁斯特和贝克特的著作，就草率地选择了早稻田大学法国文学系，然而，课堂极其枯燥乏味。

但我略做反省。深入理解日文是重要的，同样，为了感知世界，掌握第二外语或第三外语也是重要的。而我却放弃了。后来，我从33岁起，跟同声传译的团队一起工作了大约10年，终于补上了这一课。

总之，因为法文专业枯燥无聊，我上大学后马上因参加学生运动而热衷于马克思、列宁、托洛茨基，跟朋友们一起关于埴谷雄高、吉本隆明、梅本克己、谷川雁、黑田宽一、梯明秀等高谈阔论到深夜。这是有原因的。我上高中二年级时，正值

"1960年安保斗争"① 激烈之际。那时在九段高中，我和朋友们组织了小小的"青桐会"，作为高中生参加了在国会周围的示威游行。因为有很多事情想不通，所以，我想上大学以后，积极投身于运动。

此外，我还有一个想不明白的事情。

如上所述，1951年日本和美国在签订《旧金山和约》的同时，还签署了《日美安全保障条约》。后来，岸信介内阁准备修改这一条约。

在原来的安保条约中，美国虽然在日本留驻军队却不承担对日本的防卫义务。在新安保条约中，明确规定美国对日本负有防卫义务，并为此进行事前协议，促使日本成为参与远东军事战略的一员。

对此进行的抗议就是"60年安保斗争"。1959年3月，《日美安全保障条约》改定阻止国民会议成立后，这一抗议活动发展成国民运动。那年11月，举行第8次统一行动，国会请愿游行参加者达到了2万人。但是，1960年1月29日，日美双方在白宫签订了《新安保条约》和《日美地位协定》。最后只等在日本众议院全体大会上表决通过了。国民运动更加高涨。5月20日，在众议院全体大会上，强行通过此项法案后，国会成为空白状态。艾森豪威尔总统的秘书访日时，因在羽田机场受

---

① 1960年1月，日美两国签署新《日美安保条约》。与旧条约相比，它增强了日美关系的对等性，很大程度上纠正了旧条约的不平等条款和内容。但新条约的适用范围扩大了，大大增加了日本卷入美苏争斗的危险性。自日美开始修约谈判起，日本国民就掀起了战后最大规模的社会运动，即安保斗争。

到全学①的阻止,原定的美国总统访日计划不得不中止。

6月15日,全学联闯入国会。东京大学在校生桦美智子在国会内被踩死。于是,国会周围聚集了30多万人的游行队伍,事态发展到了前所未有的局面。就在4天后,新安保法案迎来众议院通过后的第30天而自然成立。我那时高中二年级,2次被卷入国会游行示威的群众中,被洒水车洒了一身水,浇得一塌糊涂。

就在那年10月13日,我去学校,看到朋友Y的眼睛通红,就询问原因。他却反问我:"你昨天没哭呀?"

昨天?哭什么?我觉得莫名其妙。Y失望地说:"浅沼死了呀。"就在前一天,在日比谷公会堂举行的竞选演说会上,登坛演讲的社会党委员长浅沼稻次郎遭到暗杀,凶手是17岁的山口二矢。Y责怪我对此事反应迟钝。"你昨天没哭呀?"就是这个意思。当时,Y是我最敬畏的朋友,他的话让我震惊。

山口二矢后来在东京少年收容所上吊自杀了。他用牙膏在墙上写了"七生报国,天皇陛下万岁"。据泽木耕太郎的《恐怖政治的决算》(文春文库)说,山口二矢除了浅沼委员长以外,还计划暗杀河野一郎、野坂参三等人。有关这桩事件,媒体最初没有报道行凶少年的名字。公布以后,震惊了许多知识分子。

第二年,大江健三郎在《文学界》上发表了以山口二矢为原型的小说《17岁》。我一口气读完了(那时我家订阅的是

---

① 全称为全日本学生自治会总联合。

《文学界》和《群像》），那种令人作呕的感觉至今记忆犹新。

上述的是 1960 年安保斗争以及山口二矢暗杀浅沼稻次郎事件。这些对 Y 来说，都是可悲可泣的。但是，我也身处其中，却没有燃起怒火。我的感觉很迟钝，特别是对一些重大事件感觉迟钝。

在高中时代，我还有一件事让 Y 失望。

那是我住在 Y 家时，他问我："你对陀思妥耶夫斯基的大法官怎么看？"我却什么也回答不上来。《卡拉马佐夫兄弟》的重大主题就喋喋不休地体现在大法官的场面中，Y 的口吻听起来极为庄重，而我竟然因没读这本书而无法做出任何反应。那以后过了不到半年，他又问我："你昨天没哭呀？"

因为有过这样的事，所以，我进了早稻田大学以后，想方设法恶补被 Y 指出的"缺陷"。1965 年以后的日本社会为我提供了冒险机会。因此，实际上不是因法国文学科枯燥无聊，而是为弥补自己的"缺陷"和"不足"，我才投身于学生运动的。但是，靠学生运动并没能补上。Y 在四十几岁时因患癌症而去世。

全共斗，编报纸，创刊杂志《游》

上大学的时候，我几乎没听过课。有喜欢的老师，就去敲研究室的门。然后就是上街游行、参加学生集会、剪裁传单，再就是一本接一本地读书。

我参加了叫剧团素描座的俱乐部，学会了照明技术。还参加了松田寿男老师任顾问的亚洲学会，学习了中国丝绸之路和西亚周边的历史。同时，把日日夜夜全身心地投入到早稻田大学周报的编辑工作中。

有一天，什么原因已经记不得了，发行大学周报的7所大学的主编们汇聚一堂。东京大学、京都大学、早稻田大学、庆应大学、明治大学、日本大学、中央大学。当时，"有干劲儿的学生"似乎洋溢着一种万能的能量，不久，就掀起了全共斗[①]的巨浪。大学周报之间建立起了联系。

建立了联系以后做什么呢？首先，要筹措资金。我带领团

[①] 全学共斗会议，1968-1969年在日本发生的学生运动。

队编辑发行 7 所大学共通的报纸，在各大学出售近 60 页的欢迎新生特别号。当时，承诺为这份厚报纸招揽全部广告并兑现得十全十美的，就是后来创立里库路特公司的江副浩正。那时，他刚刚让东京大学报纸的广告部门独立出来，成立了大学广告公司。

就在那时，我父亲的生意开始走下坡路。我到东京的九段高中读书，就是因为父亲在京都经营的和服店倒闭后，要把店开在横滨的元町。为此，我们一家搬到了横滨山手町。

但是，要把和服卖给外国人是很难的，店里的和服大都卖给银座的 espoir[①] 或横滨的 Cliff Side[②]，父亲急着要打开销路。为了还债，父亲想通过出售朋友在神奈川县油壶建的别墅赚钱，让我帮忙。我就去曾野绫子在田园调布的家，请她签购买别墅的合同。那时，我还是学生。

就在我大学四年级临毕业的时候，父亲突然病倒，因胆囊瘤和黄疸症并发，很快就去世了。父亲为母亲和我留下了大笔债务。早稻田大学剩下几个月就能毕业，而我却不得不退学。为了还债，靠工资是远远不够的，就决定拉广告赚回扣。去几家公司面试后，银座的一家广告公司决定雇我。我就开始当编辑拉广告。我把 A 公司和 B 公司放在一起做成双成对的广告企划，第二天再出去拉新的广告。

我在广告公司还做宣传工作。2 年后，东贩公司（书籍批发公司）要发行"面向高中生的读书报"，在书店里发给高中

[①] 艾丝珀（音译），银座的俱乐部。
[②] 克里夫·塞德，横滨的俱乐部。

生。我马上被叫去负责这个工作。

我绞尽了脑汁。报纸《高中生活》是 16 页四开纸。我尝试去掉段与段之间的界线，自由地组合文字，追求崭新的视觉效果，选择比高中生的"知识"高三个台阶的书籍，使用干净利落的文体和语调。封面是宇野亚喜良画的装饰画。每期刊登由野坂昭如、仓桥由美子、石原慎太郎、五木宽之、淮谭龙彦等人推荐的书。横跨左右两页的中间版面登载小田实、土方巽、唐十郎、横尾忠则、中村宏、寺山修司、稻垣足穂、铃木志等前卫派的对谈。每期还登载介绍几十本书的短评。同时，请大冈信、高桥睦郎、清冈卓行、别役实等诗人写歌词，再拜托六文钱（音乐组合）的小室等谱曲，刊登在报纸上。

我没有迎合高中生，而是在报纸上介绍当时的顶尖人物。但是，所有的内容都跟书籍和读书有关。

《朝日新闻》报道了我们的创刊号，立即受到了关注。寺山修司和涩泽龙彦评价道："这是东京的《The Village Voice》。"《The Village Voice》是安迪·沃荷设计的报纸。

后来，父亲欠的债都还清了。我终于能开始做自己想做的工作了。那就是编杂志。1971 年 7 月，我跟 3 个伙伴一起成立了小小的出版社——工作舍，创刊了前卫杂志《游》。100 万日元的资金是从广告公司的上司那里借来的。

我没想过出只有特集的杂志。首先，我翻遍了外国的杂志和宣传刊物，希望从中寻找灵感。然后，我想象自己编辑的杂志一定是充满动感的，就观察学习电影和电视的手法，特别研究了谢尔盖·米哈伊洛维奇·爱森斯坦和吉加·维尔托夫的蒙太奇、剪接、编辑等手法。还看了许多当时刚刚兴起的影像艺术作品。

　　做了这些功课后，我觉得除了让整个杂志内容充实丰富以外，还应该进行具有独特"视觉感"的编辑设计。那就只有请杉浦康平来当指挥。我说服杉浦先生负责封面设计，同时，全面地请教了各种细节。

　　结果，我受益匪浅。杉浦先生教给我，不但让杂志封面，而且让杂志内容及其视角都联动起来的方法。因为我一直从外国杂志或映像中寻找灵感，所以，立刻一拍即合。而且还发现了将其反映在版面构成上的方法。当时，在我心中已经萌芽了"编辑设计的世界观"。我确信自己找到了答案。

　　于是，我极其大胆地尝试了新的编辑方法。将不同领域的学问、艺术或概念成双成对地交织在一起。

　　比如，把物理学和民俗学用对角线折合在一起；让少年的感觉跟观音菩萨的信仰接近；让国家论跟数学的方程式对视；把文学作品和医疗数据列在一起，等等。但是，只摆在一起的话，是不会发生相互记谱的。在此，需要新的"创造"。

编辑的基本是"相似律"

我一边编辑《游》,一边思考。比如,把知识和信息交织在一起会发生什么样的化学反应,如何让看不到的东西变得显而易见。为此,我埋头于编辑设计工作中。

我在杂志《游》的前 16 页,通过以"对象集"栏目为中心的美术设计,让主题不断地产生动感,实现了所谓"多主题的杂志"。

创刊号获得文艺杂志《海》和艺术评论杂志《美术手帖》等媒体的好评。许多人说:"我一直希望能看到这样的杂志。"特别是顶级影像艺术家白南准对我说:"松冈,这杂志太棒了。只有一个汉字的标题也不错啊。"他的话给了我极大鼓励。我的目标是把动感加入平面的杂志中。这在一定程度上成功了。

不久,几个年轻人加入了我们的团队,参加《游》的编辑和设计工作。那时,我在涩谷的桑泽设计学校摄影科讲授"意象科学"这一科目。户田勉、木村久美子和田边澄江就从那里跟来了。于是,《游》的每个工作人员都开始尝试相互记谱式编辑了。

那以后，三十几岁的我尝试了各种编辑工作，在这里不一一列举了。其中，我在《游》特别号中编辑构成了《相似律》专辑；花了5年时间，出版了全部用黑纸印刷的《全宇宙志》；还应讲谈社之托编辑了共18卷的《日本美术文化全集》（通称日本风艺术）。这些都为我后来磨砺"编辑方法"奠定了坚实的基础。

尤其是《相似律》专辑成为我后来的相互记谱式编辑的意象原点，其基本想法是首先假定"什么跟什么相似"。

比如，三角形这一形状，一旦知道三角形是什么，就会把各种事物概括起来认知成三角形。不管是用铅笔画的三角形、建筑用角钢的三角形、金字塔，还是坐垫的三角形、孩子们涂鸦成的三角形。这与其说是源于我们的"重合"认知能力，不如说是因为我们对"相似性"具有高度的认知能力。

相同的事物，就是把插座、汽车的正面、金太郎糖都看成"脸"，按照印象将"类似的东西"分类成"强壮的男人""风采奕奕的绅士""放荡的女人""优雅的女士"等。再按照感觉分类成"整整齐齐""挤挤插插""吵吵闹闹"等。在我们的意识中某种相似律在发生作用。

我们都有将"类似的东西"进行分类的倾向。法国社会学家加布里埃尔·塔尔德[①]在著作《模仿的法则》（河出书房新社）中主张，模仿的扩张及禁止才是社会发展和统治的潜规则。他指出，模仿是"从内侧向外侧发生的"，"所谓历史，

---

① Gabriel Tarde，1843—1904年。

就是几乎无用的、不被模仿的发明,对到什么时候都有用的、被模仿的发明,进行推动或妨碍的过程"。我认为他的洞察力非常敏锐深邃。

这种模仿有两种进行方式。一种是,"表面的模仿",这是跟流行相关的。另一种表现为"纪律的模仿"。无论是军队的纪律,还是社会组织或企业的规则,都有相似律在起作用。

就在刊载《相似律》专辑的《游》特别号脱稿后,为了见仰慕已久的罗杰·凯罗伊斯①,我第一次去外国旅行。他著有《游戏与人》(讲谈社学术文库)、《反对称》(思索社)、《石头书写》(新潮社)等,分析指出了在社会上存在着"意象"和"经营"的联动和区别,是相互记谱式编辑的伟大先驱。

就在这次海外旅行期间,我走访了米歇尔·福柯(法国哲学家)、弗朗西斯·叶芝(英国思想史学家)等人,跟大师们探讨了我关于编辑工学的见解。

到了四十几岁,我把《游》停刊后,把工作舍交给年轻的伙伴们,成立了小小的松冈正刚事务所。当时,我对"信息"极为关注。

通信技术领域的信息是由约翰·冯·诺伊曼(美国数学家)和克劳德·香农(美国数学家)定义的。然而,我们生活的时代是这样的信息在数码电脑网络中来来往往,到处都有终端机。其中,就有关注点。

---

① Roger Caillois,法国文艺批评家、社会学家。

在互联网出现以前，社会上流行多媒体或新媒体等词汇。高度信息社会究竟是什么样的？这在 1985 年电电公社民营化前，是热门话题。邮政省和通产省围绕 NTT 诞生展开了激烈竞争。

NTT 为纪念电话百年史，让我构思企划。我想来想去，决定编写世界同时对照年表，这就是《信息的历史》（NTT 出版）。虽然是编年史年表，却是世界上唯一的多重年表。就在进行这个项目期间，我跟 NTT 的合作越来越多，接着成立了编辑工学研究所。

《信息的历史》成为后来建立编辑式世界观的基础工事（那时，我把伊丽莎白二世、织田信长、腓力二世、阿克巴大帝等人列在了一起）。紧接着，我还通过编辑构成《信息与文化》《信息文化问题集》《信息文化的学校》等书，认识并体会到超越自己和他人的相互编辑以及逆向工程对编辑的重要性。

在美国创立 TED[①] 的理查德·索·乌曼（Richard Saul Wurman）说要出版英文版的《信息的历史》。因为跟乌曼成了朋友，我有机会作为第一个日本演讲者参加 TED，又负责把他的书翻译成日文。关于我的信息编辑方法，我想开始新的尝试。

另一方面，从那时起，我终于开始出版自己的著作了。最初是《空海的梦》（春秋社），接着又写了《花鸟风月的科学》（淡交社）、《游行的博物学》（春秋社）、《小心易碎》（筑摩学艺文库）。那时候，我开始想坚持"某事"。

---

① Technology（技术），Entertainment（娱乐），Design（设计）的缩写。TED 是美国的一家私有非营利机构，宗旨是"传播一切值得传播的创意"。

"信息编辑结构"和"日本之方法"

我想出来的"某事"有2个。

一个是,追求历史性的"信息编辑结构",并将这样的结构传达给电脑网络时代的人们。其中包括解析:①语言的发音和文字的拼写所组成的有语义的结构;②故事这一信息保存样式发展的理由;③绘画、音乐、舞蹈、游艺等具有信息沟通能力的结构;④杂志、报纸、写真、映像等作为媒体发展的结构及其理由;⑤信息编辑必然伴随搜索和推理的结构及其理由,等等。

另一个是追求日本文化特色,把其独特的连锁和重合程度作为"日本之方法"加以阐明。

这两者虽然看起来是完全不同的,但是,不久就接近了。当我意识到两者在接近的时候,我对"方法论"或者"认知方法的学问"产生了强烈兴趣。

一般来说,方法是为了实现某种目的的手段。我却不这样认为。

比如,数学是为了探求科学的方法,但数学的方法常常决定科学探求的内实。牛顿、莱布尼茨所热衷的微分和积分的方法、康托尔所痴迷的集合论的方法,分别建立起了微积分的世界观和集合论的世界观。在文艺复兴时期确立的远近法，是为了固定景物或风景的一点透视方法，然而，远近法中却蕴含着近代欧洲的世界观。东洋的水墨山水画就不使用这一方法。而用三远，即高远、平远、深远这三点来画风景。武术是用来防身、打倒敌人的方法，同时也反映了武道思想。

就这样，看起来方法从属于目的，而实际上，方法本身就蕴藏着"认知"和"思考"。

这期间，我发现"日本"这个国家一直相当重视这样的方法。种稻子不是直接播种，而是先在秧田里育苗，然后再插秧。引进汉字时，没有按照汉语的发音和文法，而是创造了假名，并加以解读。将重视"花鸟风月""比拟""平凡"的心情、记忆和期待作为"型"来继承，发展了和歌、俳句等世界罕见的短诗型，重视一座建立[①]、一味同心[②]等"场[③]"，这些都是相当日本式的方法。

从这些，我感到"信息编辑结构"和"日本之方法"之间存在着某种重要的联系。我开始思考如何把这些传播开来。

至今，文明的历史在不断地追求"真理""善""友爱""和平""正义"等主题。相当于儒教的五常"仁、义、礼、智、信"。这些是价值观的象征。但是，随着时代的变迁，这些具有象征意义的价值观变得极为多样化，单义主题很难被接受。不仅如此，比如，在数学领域，自哥德尔发现不完备定理以

---

① 日文成语。指待客周到，无微不至。常在日本茶道和能乐中使用。
② 日文成语。意为志同道合。
③ 指人与人之间的引力场。

来；在物理学领域，自海森堡提出不确定原理以来；在社会现象方面，各国对多文化性和多民族性的包容意识确立以来，主题已经变得不一定是可论证的了。

就这样，在20世纪即将结束时，我确信到20世纪为止的历史几乎是"主题的时代"，而从21世纪开始则应该迈入"方法的时代"。

但是，如何学习方法呢？有关学术和职能的方法，可以向前辈或老师学习。但是，要想学他们的技法或技艺中共通的方法，怎么办好呢？

在这方面，我无论如何都想实现的是，利用互联网开设"教授信息编辑方法的学校"，尽量用日本式的方法进行传授。同时，我在网络上介绍几千本书籍，将支撑书中内容的方法抽取出来，纵横交错地将古今东西联系在一起，为建立编辑式世界观打基础。

于是，2000年6月1日我创办了"ISIS编辑学校"。在那以前，我还开始在网上连载《千夜千册》。

ISIS编辑学校是通过"守、破、离"三级课程学习信息编辑技法，学匠、总匠、别当、师范、师范代、番匠们[①]在网络教室出题，并给学生的解答做出"指南"。即应用型、突破型、脱离型这三级课程。为了组织指导阵容，还开设了名为ISIS花传所的师范代养成班。师范代已经达到580人。

ISIS即ISIA，是"Interactive System of Inter Scores"的省略。意思是通过相互记谱，将各种成果进行互动式编辑。同时，还象征古代埃及神话中的"再生女神ISIS"。我一直想把"方法的学校"开在信息网络社会的中心。

---

① ISIS编辑学校别出心裁的老师职称。

为什么在日本不能说"祖国"或"母国"了呢?

尽管做了许许多多的尝试,我还有一件担心的事情。那就是日本的文化现状。许多事情是难以理解的。

特别是对传统艺能和匠人社会的理解,极为狭隘、极为肤浅。还有,因郊外大型店铺的增加以及家用车的普及,各地商店街从繁荣走向衰落。茶道不能用煎茶道待客,电视竟是搞笑节目,纺织业界不重视染色和纺织,信息通信技术行业不能发起软件革命,大学的文科受到轻视,地方报纸的内容变得全国化,这些都让人莫名其妙。

文化是与生活紧密相关的。本来,文化的定义是,一切反映生活多样性的事物。因此,流行牛仔裤和流行金曲是文化,回转寿司、奥运会海报、神龛、洒水也是文化,优衣库的畅销服装、年夜饭的美味佳肴也都是文化。

人们对日本文化的感觉逐渐变得浅薄,这是严重的问题。"酷日本"的说法,简直太过分了。至于听到"和风热"就感到安堵,则是一个危险信号。

当今社会的不确实性和复杂性日益增加。换句话说，当今社会的特征就在于不确实性和复杂性。要想预测这样的社会的"明天"和"后天"，极为困难。其中毫无规则地发生了许多突如其来的事情或鱼目混珠的事情。

因此，政治总是要准备安全网，而经济则要准备许多选项，以备万一。还有，无论哪个独立的国家、机构或组织，都尽量多交朋友、结成同盟，以分散危机。这些都是必不可少的准备。在美国随时有可能发生金融危机，欧盟随时有可能分裂，通用汽车公司随时都有可能破产。因此，要准备周全。日本的情况也完全相同。

虽然如此，但在这样做的时候，会看出这样的安全网、选项或危机分散本身就是历史中的现在的本质，就会关注国家或国民的基本战略脚本。也就是说，方法被固定，编辑能力只有在其局部革新中才能被发挥出来。

如上所述，究其原因是以近代国家为大前提，以股东为股份有限公司的主体，来用于对大众的"将量变为质的能力"进行最终判定。这就不能发挥出本来的历史编辑能力。也无法描绘新的编辑式世界愿景。

但更严重的问题是，日本文化的精髓就这样逐渐被稀释，被驱散了。现在，"粹""通""侠""铁火""伊达①"等等这些感觉又如何呢？已经很少有人能理解了。我对取缔黑社会的暴力行为没有非议，但因此就不谈"任侠"或"义理人

---

① 即"潇洒""行家""侠肝义胆""泼辣""侠气"。

情"，就太荒唐了。

更严重的问题是不能再讲"祖国"和"母国"了。

造成这种局面的理由不得而知。我认为形成这种风潮的原因在于知识分子、文化人和媒体。本来他们应该成为文化的旗手，却经常逃向国际主义。我想，即使《君之代》被新国歌替代，但从对"祖国"和"母国"诚挚感情来讲，还是应该在日本文化的根底刻入《君之代》这一烙印。

就这样，进入21世纪后，我忙着写《日本流》《日本数寄》《日本之方法》等书。还以"连塾"为名，有时演独角戏，有时请嘉宾同台，自由奔放地就"日本"谈论风声。把演讲内容整理成三本《连塾·方法日本》（春秋社）出版了。

综上所述，我介绍了从上小学时的《日本列岛的概观》，经过《游》《信息的历史》，到ISIS编辑学校以及对日本文化的研究。这些都是我为了母国日本而追求编辑式世界愿景的尝试。

但是，我不是什么都以大众为对象的，所以，我的意图传达了多少不得而知。本书是我为了把自己的想法介绍给各位年轻读者而写的。而有多少能让各位接受并理解，我无法想象。希望本书能成为各位跟朋友谈论的话题。

最后，我想在本书的结尾，为读者们介绍一位出生于明治时代的男性的一生。稍微长一些，其中包含了几乎所有我在本书中强调的精华。敬请玩味。

九州的卢梭
——宫崎滔天

在熊本县王名郡荒尾,有一家人有 11 个兄弟姐妹,其中,长兄叫宫崎八郎。八郎在中江兆民开办的法文学塾学习,明治八年跟朋友们一起创立了植木学校,立志要办成熊本的庆应义塾。在学校里,大家一起学习《日本政记》《十八史略》《万国史》、卢梭的《民约论》等。"九州的卢梭"这一绰号就立刻传开了。

八郎擅长剑术。他和朋友们跟明治维新的旗手们完全不同,是对文明开化的明治维新等丝毫不感到满足的一代人。

两年后,听说鹿儿岛"私学校"的弟子们拥护西乡隆盛举兵,八郎立即组织了熊本协同队。得到确切消息说西乡的弟子们举兵了,八郎做出呼应,作为一名志愿兵赶到西南战争前线,却在八代萩原战役中阵亡。享年 26 岁。

八郎的兄弟姐妹中,8 个兄弟按长幼之序为武平、八郎、伴藏、兵藏、左藏、民藏、弥藏、寅藏。其中民藏、弥藏、寅藏叫"三藏"。最小的寅藏在八郎阵亡时7岁，他就是以后的宫崎滔天。长大以后，寅藏常常回忆起7岁时父亲下严格命令的情景。"男子不要被微不足道的家庭经营搞得神魂颠倒，要立大志成为对社会有用的人"。"不要做官，但一定要有所作为"。

被滔天称为"大哥"的民藏气宇轩昂，性格最像八郎。特别是在中江兆民的法文学塾等学习后，民藏认识到，人原来拥有天赋人权这一真理。他认为，在土地方面应该平等。于是，民藏计划首先放宽佃户的自由度，要改革土地和佃户的关系。

民藏将此叫作"道理"，并确信让日本人认识到这样的道理才是近代国家的当务之急。日本有宫崎安贞、二宫尊德、安藤昌益等立志以农本革命并做出了实践的先锋，而民藏则尝试以农本革命同近代资本主义进行较量。

二哥弥藏本来性格像女性一样温和（时常因此受到母亲的嗔怪），却对中国大陆抱有一种特别的情愫。当时，福泽谕吉主张"脱亚入欧"，说日本应该斩断对亚洲的迷恋。然而，弥藏则有完全崭新的构想。简而言之就是，虽说"天不会让人超越于人"，而人要立于世，就需要方针。比如，即使在日本马上会诞生人民主权的国家，从其地理位置和实力来看，是怎么也逃脱不了列强魔爪的。有可能摆脱列强魔爪而实现自立的，也许是中国大陆。那么，如果中国发动为实现共和制的革命，成为联合亚洲人民的中心，就一定能阻止白人弱肉强食的野心。

但是，条件是需要找到能在中国肩负这一革命重任的人物。弥藏将此视为自己的使命。他化装成中国人，前往中国寻找中国革命的中心人物。

受到了两个哥哥的熏陶，寅藏，也就是宫崎滔天，燃起了青云之志。首先，为了养成独立不羁的精神，宫崎滔天进了德富苏峰创立的"大江义塾"，却立刻感到不满。他认为课堂内容中有关法国革命的内容过多，跟亚洲不同，不适合日本。半年后，他退学到东京投奔哥哥。他投宿的芝爱宕町的对阳馆就是后来孙文和黄兴等人时常出入的地方。

宫崎滔天接受洗礼后，就读于早稻田大学。突然接到消息说老家经济拮据，因为松方通货膨胀加上歉收。滔天归乡，于1888年（明治二十一年）春开始就读于熊本英文学校，还上了长崎的加伯里英和学校。熊本英文学校的首任校长海老名弹正是著名的花冈山乐团成员之一，后来，德富芦花的歌词中有一句是"肥后的耶稣教，复兴的烽火"。

看宫崎滔天的足迹，会觉得他好像要当传教士。其中，一定出现了"是面包，还是福音"这一命题。滔天将其理解成"是面包，还是革命"。当时在长崎的一个人物改变了他的命运。

此人不是日本人，是出生于瑞典的叫亚伯拉罕（Isaak Ben Abraham）的70多岁的乞丐。他自称"我是国家以外的人"。说穿了就是国际流浪汉，也就是国际嬉皮士的先锋。

宫崎滔天从这老嬉皮士那里学到了无政府主义思想（Anarchism），革命在世界的任何地方都有可能发生。老嬉皮士很看重年轻的滔天，邀请他跟自己一起去世界流浪。但考虑到老人的年龄，好像不可能。宫崎滔天就托同乡前田下学，为老嬉皮士在熊本开了一所英文讲习塾。

迎接亚伯拉罕的是前田下学的父亲，名叫前田案山子。名字有点儿怪，他曾以耍枪名手著称，任民权结社"山约水盟会"的霸主。他居住的小天村（现在的天水町）成了熊本民权活动的巢穴。岸田俊子、中江兆民也到访过此地。

当时的熊本盛行叫"薮之内组"的活动。以后来让幸德秋水爱不释手的亨利·乔治写的《进步与贫困》为教科书，酝酿彻底的革命思想和社会思想。以至于1890年（明治二十三年）吉田虎雄（被称为"三池的卢梭"）计划向召开帝国议会开院式的会场中扔炸弹时，如何将熊本县民性的烈性一面隐藏起来成了重要课题。

在小天村，前田案山子家的三女儿叫前田槌子。她是才女，12岁时因激昂地做了"劝学"演说而博得《熊本新闻》的绝口称赞。20岁的宫崎滔天带着亚伯拉罕回到熊本，让亚伯拉罕住在小天村。滔天对19岁的槌子一见钟情。说句题外话，后来夏目漱石来到小天村温泉旅馆写《草枕》的时候，"那美"的原型就是槌子的姐姐卓子。

把目光投向中国
　　——与金玉均的邂逅

　　宫崎滔天受亚伯拉罕的影响,也想去外国看看。他想到夏威夷,再从那里去美国。但是,1891年(明治二十四年)夏天的一个晚上,哥哥弥藏的一席话改变了滔天。弥藏说:"日本不应该对着美国讲话,而应该面对中国。"

　　从那时起,滔天开始把目光投向中国。但是,关于亚洲主义方针,大哥民藏有所保留。他认为,给日本人讲道理都很难,更何况给地大物博的中国人讲道理则难上加难,而且不应该首先考虑使用暴力,应该把暴力作为最后手段。然而,宫崎滔天还是去了上海。正值甲午战争开战两年前。

　　这里所说的邂逅是在东方卷第7讲介绍过的金玉均。金玉均是李朝朝鲜末期的近代革命家,1875年(明治十七年)甲申事变的首谋。他倡导"三和主义",希望日本、朝鲜和中国结成三国同盟,以挽回亚洲衰落的命运。

　　金玉均在官吏考试合格后,历任弘文馆校理、司谏院正言、承政院副承旨等，是转眼之间青云直上的年轻精英。金玉均于明治十四年第一次来日本时，马上和福泽谕吉交往密切，后来，多次住在福泽家。此外，从井上馨、后藤象二郎，到头山满、大鸟圭介，金玉均跟许多日本的政治家、实力人物有过交往。把立宪制和近代商工业体制引进朝鲜的，就是金玉均。

金玉均克服了重重困难（我在东方卷第7讲介绍过，围绕日朝修好条约，大院君势力和闵氏势力发生了对抗），终于发动了以开国为目的的甲申政变，却以三日天下告终。大院君势力和清朝的袁世凯联手，金玉均不得不亡命日本。明治政府对如何处置他感到为难，就以"保护"名义把金玉均在小笠原岛软禁了两年，在北海道软禁了一年零八个月。（因此，中江兆民在小樽期间，两人有过密切往来。）

金玉均确实是不可思议的政治人物、革命人物。他既是朝鲜开国和近代化的先驱者，又播下了甲午战争的火种，还被日本随心所欲地利用。因此，关于金玉均，不管韩国方面，还是日本方面（学者也同样）至今都仍然没有成为定说的评价，反而朝鲜的金日成最先对他做出了评价。像他这样受到毁誉褒贬的近代朝鲜的人物十分罕见。

宫崎滔天经"薮之内组"的田尻市喜介绍，认识了金玉均，并对其革命思想和亚洲观产生了共鸣。滔天打算把金玉均介绍给准备中国革命的同志。

金玉均也希望能让失败的朝鲜近代化（开国革命）在中国取得成功，如果能与日本合作将是求之不得的。即"三和主义"。但是，在明治政府看来，接触如此麻烦的人物会给宫崎滔天带来危险,坚决不出资援助他们的行动。弥藏也警告过多次。

接着,骇人听闻的事件发生了。金玉均刚到上海,就被李朝高官派的刺客洪钟宇暗杀(洪钟宇是甲申事变时被清兵处以死刑的邮政长官之子)。非但如此,金玉均的遗体被运回朝鲜后,被加以"凌迟处斩"的酷刑。其遗体被千刀万剐以后,首级被高悬示众。

金玉均遭到惨杀的消息震惊了日本。谷崎润一郎在《幼少时代》中写道:"不知为什么,我对金玉均事件记忆犹新(中略)。我目睹过团子坂的菊人形(用菊花做的偶人)中有金玉均被暗杀的场面。"

清国和朝鲜两国派人暗杀金玉均,这在日本全国掀起了义愤的波澜,这是超出预想的。因此,恰好在朝鲜全罗道爆发了东学党之乱,以此为导火线,日清开战的脚步突然加快了。

事态急剧变化。1894年(明治二十七年)5月末,在浅草的本愿寺举行了金玉均的葬礼,宫崎滔天也出席了。8月1日,甲午战争揭开战幕。这期间仅有两个多月。"打击并惩治清政府"的大合唱转眼之间变成日清两国开战。

日本和清政府开战了,所以,不是中国革命的时候了。宫崎兄弟的计划看起来遭到了挫折。但是,他们想出了新的革命准备计划,两人分头执行。弥藏留辫子化装成中国人前往中国,滔天则到泰国暗中活动,并带领移民汇合中国的革命同志。

为了这一计划,兄弟两人走访并请教了支援过金玉均的渡边元、传说是金的情人的艺妓杉谷玉,以及副岛种臣等人。结论是,这一计划应该趁着清政府战败发生混乱的时候执行。弥藏立即住进了横滨的清国四八番商馆，潜伏下来等待时机。宫崎滔天成为广岛移民公司的职员，得到渡航代理人资格，伺机前往泰国。

　　1895年（明治二十八年）10月，宫崎滔天顺利地自神户港出发前往泰国。在中途的各个港口，有大量中国移民上船。宫崎滔天感到这些散发异臭的人，正是未来的革命移民。

大陆浪人宫崎滔天、孙文的革命起义

就在兄弟两人分头行动期间,发生了两个戏剧性的事件。一个是孙文(孙逸仙)在广州发动了起义。起义失败后,孙文和陈少白一起逃往日本。另一个是弥藏因霍乱猝死,享年29岁。

八郎死了,弥藏也死了。宫崎滔天号泣,怅然若失,却没有气馁。他在横滨邂逅孙文后,立即邀请孙文一起前往故乡荒尾。两人肝胆相照,一起支援菲律宾独立运动,又一起到广州策划在南方的起义等。但是,这些都以失败告终。

接着,宫崎滔天见了犬养毅、头山满等人,筹措活动资金。不仅是资金。分头行动的计划中断后,宫崎滔天只好投靠有钱有势的政治家,自己成为两手空空的浪人。他决心做出穷鼠啮猫之举,当艺人以逆转形势。

接着,宫崎滔天写下了著名的《三十三年的梦》(岩波文库)。这本书是在中国成为畅销书的第一本日本人的著作。其中并没有写关于革命成就的事。写的都是接二连三失败的经验。正因如此,让日本和中国的青年热血沸腾。这是在科学或企业的记录等领域所无法想象的。成功后写曾经失败的过程有很多，但是，仍然继续失败的时候满怀热情地写出来则极为罕见。

不过，宫崎滔天没想到《三十三年的梦》在中国被翻译出版后会大受欢迎。他满脑袋里想的是如何才能当艺人。烦恼的结果，他真的当了浪曲师（边弹奏三味线边说唱的演艺人）。他拜桃中轩云右卫门为师，得到了"桃中轩牛右卫门"这个有些奇怪的艺名，做好成为"行尸走肉"的准备。这酷似在月照投河自杀后以为自己成了"土中的死骨"的西乡隆盛。

然而，就像那个打击成为后来西乡隆盛的所有"志操"的精神支柱一样，宫崎滔天的"行尸走肉"成了那以后在中国大陆与日本之间架起桥梁的基础。他那样的活法用当时的话说，叫"大陆浪人"。

宫崎滔天跟孙文等人策划菲律宾革命，基于如下的思想。

1898年，赢得美西战争的美国，要购买曾是西班牙殖民地的菲律宾，将其建成亚洲的桥头堡。西班牙则要卖掉菲律宾以获得利益。

这样的买卖对争取从西班牙独立，一直跟美军共同作战的菲律宾独立政府军来说，是重大的背叛行为。孙文看到这一点，认为通过中国的同志和日本的同志的协助，能将其余勇带到中国革命中去。

菲律宾独立军队领袖阿奎纳多也赞同这一想法。他派心腹前往日本，到参谋本部的福岛大佐那里请求援助。孙文计划趁此援助之机，将广东三万名同志投入到菲律宾独立运动中。

当时，说服参谋总长川上操六的是宫崎滔天和平山周。

平山周是跟宫崎滔天和末永节一起去泰国的伙伴。结果，1899年（明治三十二年）7月，1.4万支枪、500万发子弹，加上山砲、机关枪等武器弹药被载上布引丸号船运往菲律宾。遗憾的是，这艘船在航行中遇难，葬身鱼腹。

又失败了。但是，孙文和宫崎滔天都没有气馁。他们开始四面八方地寻找各种可能性。孙文在中国湖南跟秘密结社"哥老会"联手成立了"兴汉会"；宫崎滔天从符拉迪沃斯托克招来了"黑龙会"的内田良平。内田向博多派了许多同志，当时跟组织进行合作的是熊本"薮之内组"的清藤幸七郎。福冈的岛田经一表示，即使卖房卖地也要支持邻邦的革命。

就这样，孙文惠州起义的准备稳步进行。但是，多次面临资金匮乏。宫崎滔天接受了到新加坡筹集并运送资金的任务。等孙文到达新加坡的时候，宫崎滔天因被告密说他是刺客，被警察逮捕了。宫崎滔天被释放出来后，孙文批评滔天缺乏慎重，滔天则批评孙文是胆小鬼。最后两人重归于好了。

孙文的辛亥革命、宫崎滔天的日本革命

事实上，事态发展刻不容缓。在山东省，义和团以"扶清灭洋""反清反洋"为口号揭竿而起，起义迅速扩大到华北。西太后承认义和团为义军，向占领北京的西洋列强宣战。那是1900年（明治三十三年）。当然，列强像狼群一样袭来。

但是，孙文没有焦躁不安。他在东京赤坂的黑龙会本部，黄兴、陈天华、张继等人一起举起了"中国革命同盟会"的旗帜。宫崎滔天也加入其中。口号是"驱除鞑虏、恢复中华、创立民国、平均地权"。平均地权是二哥民藏的思想。宫崎滔天编辑同盟会的机关报《民报》，还积极地编辑发行《革命评论》杂志。他一生从事革命编辑事业。

但是，事态发生了剧变。日韩合并进展迅速，出乎宫崎滔天意外的是"反日反俄""日韩合邦""日鲜同祖"等口号和运动乱立，并作为"大亚洲主义"开始掀起了巨大的浪涛。樽井藤吉已经写成了《大东合邦论》等书，金玉均的三和主义也复活了。在滔天看来，日韩合并是绝对不能允许的，却眼看着被大亚洲主义卷入其中。

究竟中国革命是大亚洲主义呢,还是为了冲破大亚洲主义的革命呢?日本的目标应该是什么?宫崎滔天感到极为烦恼。1910年(明治四十三年)10月,签订日韩合并条约后回国的武田范之在庆祝宴会上,宫崎滔天剪掉了作为浪曲师的长发。

孙文没有烦恼。5个月后,发动了广州黄花岗起义。迫不及待的宫崎滔天携妻带子奔走于武器走私。1911年(明治四十四年)10月10日,武昌起义的烽火燃烧到了南京,"辛亥革命"爆发。42岁的宫崎滔天流下了欢喜的眼泪。

后来宫崎滔天又怎样了呢?上村希美雄在长达5卷的大作《宫崎兄弟传》和《如是青春——宫崎滔天传》(苇书房)中,说什么下一个是印度,什么要支援辛亥革命后的中国,而主要还是在思考日本革命。滔天认为日本要想拥有100年的长治久安,不应仅靠政治革命,应该发动彻底的精神革命。

时代进入了大正。1914年(大正三年)第一次世界大战爆发,日本向德国宣战并登陆山东半岛。第二年,大隈内阁提出"对华二十一条",转眼之间日中关系发生了巨变。还哪里谈得上滔天的日本革命。

那时,滔天跟出口王仁三郎的大本教有过接触,还跟熊本出身的堀才吉所提倡的大宇宙教有过接触。至于他有什么打算,不清楚。可以推测,他跟二哥民藏一起,完全被精神性的东西吸引住了。然而,到此,滔天的生命燃尽了。

就在他虔诚地参拜伊势神宫和出云大社的时候,肾脏病恶化,于1922年(大正十一年)去世,享年53岁。

宫崎滔天到底是什么样的人物呢？

是中国革命的推动者吗？是彻底的革命浪人吗？是随时担心日本去向的人吗？我认为，必须在了解西乡隆盛、长兄宫崎八郎、亚伯拉罕和孙文的同时，了解宫崎滔天。

但是，至今为止的日本近现代史中，关于讲述这5人相互记谱的框架，没有做出任何准备。

本书关于这一准备的方法做了解说。这本书不是为了让各位读者能讲宫崎滔天的故事而写的，但是，连宫崎滔天都不讲的日本近现代史令人难过不安。正因如此，作为到这里的记述多重交织的一个焦点，我选中了宫崎滔天。

我多次讲过，现在的日中关系和亚洲局势都不尽人意。从中曾根内阁到小泉内阁，日本被染上了新自由主义的美国式全球主义。在那一期间，虽然日本不想同中国密切交往，但在不知不觉中突然发现近年来中国经济突然变得更大更强。这种强弱关系还会继续下去。这里既缺一个宫崎滔天，还缺一个孙文。

我不是为了说这句话，而写到这里的。但是，如果回头重读一下本书就会明白，我们因各种各样的原因和理由，错失了能站在历史中的现在记述东亚近现代史的方法。特别是因全球主义，我们过于关注分辨"同质"和"异质"了。应该说，正是这一点阻碍了把宫崎滔天一个人的言行定位于"日本的世界史"中。

编辑式世界观不是基于一个历史意识形态的。本书从格鲁吉亚到德川家康、从拿破仑到鸦片战争、从瓜分非洲到甲午战争、从奥斯曼帝国瓦解到阿拉伯之春、从历史认识问题到大众文化、从网络资本主义又回到宫崎滔天的明治，每个话题都来来往往地尝试了相互记谱。这都是为了证明编辑式世界观是有可能成立的。

我期待着各位读者能再读一遍全文，不是用以前的"同质—异质"观，而是用动态的视点来理解。这就是我的遗言。

后记　为了始于 18 岁的历史观

　　约 400 万难民从内战、战乱和恐怖事件不断发生的叙利亚逃出来。这一数字令人震惊。因为叙利亚总人口约 2240 万人。这些难民中约 200 万人进入了土耳其，40 万人分散在欧盟各国，还有一些国家有可能接收难民，事态仍需关注。

　　世界上的难民不仅局限于叙利亚周边。难民的历史自古以来延续至今，其原因有各种各样的。有记载说，造成众多难民的原因是战争、民族对立和抗争、宗教的迫害、人种歧视、思想弹压、政治迫害、贫困、饥荒、灾害、传染病、麻风病等。难民（refugee）这个单词的词源是古法语"refugies"，是指 1598 年亨利四世发布《南特敕令》后，移居法国的胡格诺派教徒。近现代史也是难民的历史。1951 年发布的《难民条约》（关于难民地位的条约）规定了难民的定义。在 21 世纪的今天，由于恐怖事件造成难民增加。

　　从明治后期到昭和时代，日本基督教宗教教育家内村鉴三担心"膨胀的近代国家"的去向，提出了两个方案。"今后，国家应该成为更小的国家"。"今后,世界的课题会出现弃民问题"。弃民是指"被抛弃的国民";在内村的时代,是指为因国内或乡里的饥荒和贫穷而不得已逃出去的"放弃国家或故乡的人"。

我在东方卷第3讲中,详细讲解了欧洲和美国的"亡命贵族"的历史。在历史上,难民、弃民、移民等不得已越过"国境"的人们都有着相同的命运。这对当今的日本人来说,也许是难以理解的。但是,只拿出日本的情况和各国的情况来辩解的话,是绝不可能有21世纪的历史观的。

本书围绕日本所处的"历史中的现在"这一视角,和各位读者一起思考近现代史,提供了许多形成日本人的历史观的切入点。本套书分东方卷和西方卷。东方卷主要写了日本、亚洲、资本主义列强在近代出发点的矛盾;西方卷写了中东问题、大众迎合主义、网络社会所出现的当今的矛盾。希望能对任何年龄段的读者都开卷有益。

我在东方卷第2讲中说过,在当今社会中,要想正确地理解"我"处于什么样的位置,是相当困难的。具有象征意义的是,一面发行个人纳税号码,一面用一个ID在网络世界来去自由。难以弄清"我"究竟属于哪里。在现代精神医学领域出现了新说法,"叫我的自己"不一定是自我认同的实际存在之一。

"国家"的去向越来越难以预测。在本书中介绍了"格鲁吉亚,即乔治亚"和"南斯拉夫",很难说叙利亚一直是叫叙利亚的国家,欧盟各国也不一定就能一直保持现状。3000万库尔德人从现在起开始建立"国家"。

因此,无论是"我"还是"国家"都越来越既暧昧又复杂,但回顾历史的话,就会看到,本来,"我"和"国家"都是近代的产物,又跟古代的产物诸神诸佛同样,是历史产物。即使如此,仅仅把"我"和"国家"仍然看作构成当今世界的基本单位的话,则既有其局限性,又有勉强之处。

本书以这样的"我"和"国家"的去向为题,详细窥视了近代前后的"我与国家"的发生现场。

本书是《为了17岁读者的世界和日本的见解》(春秋社)的姐妹篇。虽然以旧著《世界和日本的错误》作为铺垫,我却几乎做了全面的改写。

应该说,我的历史观是"编辑式世界观",是以"相互记谱式编辑"为基础的。将各种各样的历史事件看成多面镜,并以此来认识历史。这样的历史认识和解读方法是我从编辑杂志《游》的时候起一直实践的,其中的一部分在最后的第14讲进行了介绍。

关于内容,请一定从东方卷开始按顺序读。特别希望各位关注英国的世界战略、中国明朝和日本德川幕府之间的锁国关系、意大利的统一运动、德国的观念哲学、地缘政治学的见解、美国的游戏战略、大众迎合主义的背景、日本和邻国之间的历史认识问题、亚洲的国粹主义、资本主义和文化的矛盾、冲绳问题等。

这本书的出版基于许多前辈作者的著作,同时,得到春秋社的汪坂祐辅先生、松冈正刚事务所的太田香保和寺平贤司、设计师美柑和俊等人的大力协助。我期待着与各位读者的共斗。

松冈正刚